Campus neu

Gesamtkurs Latein

Ausgabe B

Training 3

mit Lernsoftware

C.C.BUCHNER

Campus neu

Gesamtkurs Latein. Ausgabe B
Herausgegeben von Clement Utz und Andrea Kammerer

Training 3 mit Lernsoftware
Herausgegeben von Michael Lobe und Christian Zitzl
Bearbeitet von Johanna Butz, Johannes Fuchs, Elisabeth Kattler, Christl Lobe, Anne Uhl und Christian Zitzl

BAMBERGER WORTSCHATZ

1. Auflage, 2. Druck 2021
Alle Drucke dieser Auflage sind, weil unverändert, nebeneinander benutzbar.

Dieses Werk folgt der reformierten Rechtschreibung und Zeichensetzung. Ausnahmen bilden Texte, bei denen künstlerische, philologische oder lizenzrechtliche Gründe einer Änderung entgegenstehen.

Lektorat: Theresa Hummel
Satz und Gestaltung: tiff.any GmbH, Berlin
Illustrationen: tiff.any GmbH, Berlin / Heimo Brandt
Umschlaggestaltung: mgo360 GmbH & Co. KG, Bamberg / Ines Müller
Druck und Bindung: Brüder Glöckler GmbH, Wöllersdorf

www.ccbuchner.de

ISBN 978-3-661-**40068**-6

Einladung

ins Trainingscamp für dich

Trainingszeiten

Mehrmals wöchentlich.
Denn wenn du regelmäßig wenige Minuten übst, ist das besser, als wenn du alles auf einmal übst!

Trainingsziel

Gute Beherrschung der lateinischen Sprache.
Denn was du kannst, macht dir normalerweise auch Spaß, und was dir Spaß macht, machst du normalerweise auch gerne!

Trainingsplan

Wiederhole und sichere den jeweiligen Lernstoff – denn ohne Fleiß kein Preis!
Bereite dich anhand der Selbsttests auf Klassenarbeiten, Schulaufgaben und Tests vor – denn Übung macht den Meister!

Trainingsvoraussetzungen

Beginne erst, wenn du den Wortschatz und die Grammatik der jeweiligen Lektion deines Lehrbuchs gelernt hast!

P. S. Den meisten Übungen sind aus Platzgründen keine Schreiblinien zugeordnet. Schreibe die Lösungen zu diesen Übungen in ein eigenes Heft.
Das Lösungsheft gibst du am besten deiner Mutter oder deinem Vater zur Aufbewahrung. Sie können dann immer überprüfen, wie gut du schon geworden bist.

70

1 Suchspiel *Formen erkennen: PPP und PPA*

Finde die 12 Partizipien im Ablativ (Mögliche Suchrichtungen: ⟵ ⟶ ↑ ↓):

X	E	T	C	V	L	M	S	A
M	T	A	O	D	R	C	T	D
E	N	C	L	A	U	S	O	E
T	E	E	L	T	E	S	B	E
U	N	N	O	I	N	S	O	T
E	O	T	C	S	T	I	T	N
N	P	E	A	I	E	S	I	E
T	E	C	T	A	M	L	N	B
E	D	E	I	S	O	U	O	U
F	S	I	S	L	U	P	M	I

PPA	PPP
1.	1.
2.	2.
3.	3.
4.	4.
5.	5.
	6.
	7.

2 Gewusst wie! *Übersetzungsmethoden kennen und anwenden*

Schritt 1: Klammere in den folgenden Sätzen den Ablativus absolutus zunächst ein und übersetze nur die Haupthandlung. | **Schritt 2:** Welche Informationen liefert der Ablativus absolutus zur Erweiterung des Satzes? Kreuze an: Begründung? Zeitangabe? | **Schritt 3:** Nimm nun das Partizip unter die Lupe: Ein Partizip Präsens signalisiert, dass die Handlung des Ablativus absolutus gleichzeitig zur Haupthandlung geschieht, ein PPP zeigt dagegen an, dass die Handlung vorher geschah. Kreuze an. | **Schritt 4:** Übersetze den Satz vollständig. Wähle aus den folgenden Subjunktionen aus, um den Ablativus absolutus mit einem Gliedsatz übersetzen zu können: **während** – **als** – **nachdem** – **da** – **weil**

a) Claudia studente Marcus officia neglexit.

○ Begründung ○ Zeitangabe ○ Partizip Präsens → Gleichzeitigkeit ○ PPP → Vorzeitigkeit

Übersetzung:

b) Marco magna voce clamante Claudia ira commota est.

○ Begründung ○ Zeitangabe ○ Partizip Präsens → Gleichzeitigkeit ○ PPP → Vorzeitigkeit

Übersetzung:

c) Claudia a magistro laudata Marcus tacet.

○ Begründung ○ Zeitangabe ○ Partizip Präsens → Gleichzeitigkeit ○ PPP → Vorzeitigkeit

Übersetzung:

d) Marco a magistro reprehenso Claudia risit.

○ Begründung ○ Zeitangabe ○ Partizip Präsens → Gleichzeitigkeit ○ PPP → Vorzeitigkeit

Übersetzung:

3 Optimale Ergänzung *Handlungszusammenhänge erkennen*

Wenn du die jeweils mit einem Ablativus absolutus beginnenden Sätze (1–5) richtig ergänzt (a–e), erfährst du von einer Begebenheit im Leben Alexanders. Kombiniere so, dass die Abfolge der Ereignisse wiedergegeben wird.

1	Vere ineunte	4	Alexandro templum Iovis petente
2	Castris positis	5	Iove deo interrogato
3	Militibus in castris manentibus	c)	Alexander in Asiam perrexit.
a)	milites in castris manebant.	d)	Alexander castra posuit.
b)	milites corpora curabant.	e)	Alexander templum Iovis petivit.

Charles de la Fosse: Alexander der Große auf Löwenjagd, Deckengemälde um 1679, Versailles.

4 Alexander, einfach unaufhaltbar! *Übersetzungsmethoden anwenden*

Alexander, der Sohn König Philipps von Makedonien, macht wieder einmal das, was er am besten kann: eine Stadt erobern. Übersetze:

a) Vere exeunte Alexander, filius Philippi regis, milites ad se convocavit. **b)** Militibus convocatis Alexander orationem habuit. **c)** Alexandro orationem habente milites tacebant. **d)** Oratione habita copiae e castris exierunt; tum Alexander eas ante moenia urbis collocavit. **e)** Ea re conspecta cives portas clauserunt. **f)** Portis clausis Alexander saevus ad moenia ruit. **g)** Omnibus audientibus dux clarus summa fiducia sui dixit: **h)** „Si sapientes eritis, cives, mihi portam aperietis. **i)** Certe enim novistis neminem adhuc me superavisse. **j)** Omnibus hostibus in arenam coniectis urbes eorum omnino delevi. **k)** Etiam civitatem vestram vosque vi vincam.“ **l)** His verbis auditis cives desperaverunt et portam aperuerunt.

71

1 Julia (I) *Abl. abs. bilden und übersetzen*

a) Verbinde jeweils ein Substantiv im Ablativ mit einem Partizip im Ablativ zu einem Ablativus absolutus, der die Begründung dafür liefert, warum Julia lacht.

1 Libello	**A** cantantibus
2 Mensa	**B** invento
3 Sceleratis	**C** ineunte
4 Vere	**D** ornata
5 Pueris	**E** captis

... Iulia ridet.

Julia lacht, weil ....

....

....

b) Wann schwieg Julia eigentlich einmal?

1 Marco	**A** violato
2 Equo	**B** clamantibus
3 Servis	**C** studente
4 Fabula	**D** raptis
5 Ornamentis	**E** narrata

... Iulia tacuit.

Julia schwieg, weil (als, nachdem) ....

....

....

2 Julia (II) *Übersetzungen prüfen*

Beachte das Tempus des Prädikats und die Zeitstufe des Partizips. Kreuze dann die richtige Übersetzung an:

a) **Iulia cantante** pater ridet.

- ○ Weil Julia sang, lacht der Vater.
- ○ Weil Julia singt, lacht der Vater.
- ○ Weil Julia sang, lachte der Vater.

b) **Iulia ab omnibus laudata** pater risit.

- ○ Weil Julia von allen gelobt worden war, lachte der Vater.
- ○ Weil Julia von allen gelobt wurde, lachte der Vater.
- ○ Weil Julia von allen gelobt wird, lachte der Vater.

71

3 Res gestae Alexandri (I) *Zeitverhältnis unterscheiden: PPA und PPP*

Übersetze und achte dabei besonders auf das Zeitverhältnis:

a) Vere ineunte Alexander nuntios ad varias urbes misit. **b)** Nuntiis missis copiae conscribebantur. **c)** Copiis conscriptis bellum contra Persas (Persae, ārum *m Pl.* die Perser) gerebatur. **d)** Alexandro bellum gerente libertas Graeciae defendebatur.

4 Res gestae Alexandri (II) *Textverständnis anwenden*

Kreuze an, welche Sinnrichtungen in diesen Sätzen möglich sind:
KA = kausal, **TE** = temporal, **KO** = konzessiv

	KA	TE	KO
a) Alexandro hostes prohibente Graeci tuti erant.			
b) Graecis pacem amantibus tamen hostes bellum timebant.			
c) Rege hostium victo multi milites capti sunt.			
d) Rege victorem saevum timente tamen Alexander captivis pepercit.			
e) Alexandro captivis parcente gloria Graecorum aucta est.			

5 Feldherr, nicht Philosoph! *Übersetzungsmethoden kennen und anwenden*

Alexander spricht mit seinem Lehrer Aristoteles über seine Ziele:

a) Litteris a magistro laudatis Alexander rogat: „Cur tot libellos conscripsisti? **b)** Cur omnem naturam, quae oculis spectari potest – arbores, fluvios, bestias – cognoscere vis?“ **c)** His verbis auditis Aristoteles respondet: „Nullo cogente hoc feci. **d)** Sed decrevi omnia, quae teguntur, aperiri. Itaque auctor multorum libellorum sum.“ **e)** Alexander: „Aliis libellos tuos laudantibus tamen ego litteris tuis non moveor. **f)** Nam gloria imperatorum me movet. **g)** Inter omnes enim constat hanc gloriam veram atque maximam esse. **h)** Hac gloria parta omnes me measque res gestas memoria tenebunt. **i)** Consilium igitur cepi Graecos a Persis (Persae, ārum *m Pl.* die Perser) tegere. **j)** Hoc consilio capto a me bella geri, urbes capi, Persas vinci oportet. **k)** Persis victis Graeci me, quem paulo ante timebant, numen praesens putabunt.“

Alexander der Große, gespielt von Colin Farrell (2004).

1 Formvollendet *Ablativformen bilden*

	Singular	Plural
a) negotium		
b) vicus		
c) numen		
d) tu		
e) pons		
f) vos		
g) portus		

	Singular	Plural
h) ego		
i) miles		
j) arbor		
k) nos		
l) nomen		
m) res		
n) munus		

2 Erinnerungen an Philipp *Abl. abs. bilden und übersetzen*

Verbinde jeweils ein Substantiv im Ablativ mit einem passenden Adjektiv, Partizip oder einem anderen Substantiv, sodass sich jeweils ein Ablativus absolutus ergibt, der sinnvoll die Begleiterscheinungen zur Aussage des Hauptsatzes angibt. Übersetze anschließend.

Me ...	... me terrente ...	
Curis ...	... timente ...	... Philippus mihi non adfuit.
Periculo ...	... me torquentibus ...	

Militibus ...	... mortuo ...	
Avo ...	... bene actis ...	... Philippus rex factus est.
Negotiis ...	... auctoribus ...	

Avo ...	... invitis ...	
Patre meo ...	... duce ...	... Macedones potentes erant.
Persis ...	... vivo ...	

3 Auf gegen die Perser!

Ein Makedonier hetzt die Soldaten zum Kampf auf. Übersetze:

a) „Vobis auctoribus Alexander rex noster est. **b)** Hic quidem iuvenis est, sed iam tota in Graecia clarus est. **c)** Audaciae huius ignoscimus, nam huic virtus maxima est. **d)** Inter omnes constat hunc virum ab Aristotele (Aristoteles, is Aristoteles) doctum sapientem et fortem esse. **e)** Itaque patre mortuo imperium ab Alexandro augeri posse censeo. **f)** Certe enim hoc duce Persas vincemus: **g)** Persae Dareio rege non solum Graeciam, sed etiam Athenas ceperunt. **h)** Muneribus non missis isti barbari ira moti omnia deleverunt. **i)** Populo praesente scelera crudelia fecerunt. **j)** Immo deis invitis sacra templa Athenarum (Athēnae, ārum Athen) violaverunt. **k)** Legatis illorum de pace dicentibus tamen bella parabantur. **l)** Sed Alexandro vivo Persae poenam illorum scelerum solvent."

Perserschutt. Als die Perser Athen eroberten, zerstörten sie auch die Tempel der Stadt. Die Reste wurden einplaniert und bei modernen Grabungen gefunden. So haben wir durch den sog. „Perserschutt" eine Vorstellung von den durch die Perser zerstörten Bauwerken.

4 Machtübergabe

Füge die Abl. abs. und Hauptsätze so zusammen, dass ein sinnvoller Text entsteht, und übersetze:

Anulo (ānulus der Ring) amico tradito	rex respondit: „Ei, qui optimus (optimus, a, um der beste) est."
His verbis dictis	Alexander mortuus est.
Dimissis militibus	Alexander anulum (ānulus der Ring) uni ex eis tradidit.
Quaerentibus amicis	milites dimissi sunt.
Alexandro auctore	amici Alexandrum rogaverunt: „Cui imperium relinquis?"
Hoc imperio accepto	Alexander amicos propius (propius *Adv.* näher) adire iussit.
Amicis praesentibus	amici de imperio pugnare incipiunt.
Alexandro mortuo	Alexander imperavit, ut in Aegypto (!) sepeliretur (sepelīre bestatten).

Alexandro auctore milites dimissi sunt. ... .

....

....

....

....

....

....

73

1 Herkules und die Stymphalischen Vögel *Textverständnis anwenden*

Eines der großen Vorbilder Alexanders war Herkules. Grund genug, sich auf dieser Doppelseite an diesen antiken Helden zu erinnern, der dir bereits aus der 5. Klasse bekannt ist.

Markiere in den folgenden Sätzen nur die Ablative und ordne ihnen die Buchstaben **A–I** (siehe unten) zu.

1 Scitis Herculem virum vi ingenti fuisse.
2 Multis factis miris ab eo confectis homines perrexerunt eius auxilium petere.
3 Mox homines eum adierunt magna voce clamantes:
4 „Aves[1], qui in patria nostra vivunt, conspectu turpi nos terrent!
5 Pennis[2] acribus eos, qui cum iis pugnant, laedunt."
6 Hercules existimavit se illas aves auxilio Vulcani dei tantum superare posse.
7 Amici enim auxilio idoneo carebant.
8 Vulcanus nocte Hercule auctore crepundia[3] ingentia fecit.
9 His crepundiis Hercules tantum clamorem fecit, ut aves territae e latebris[4] suis fugerent.

Nachdem Herkules die Vögel auf diese Weise aufgescheucht hatte, war es ihm ein Leichtes, sie einzeln mit seinen Pfeilen zu erlegen.

[1]avis, is *f* der Vogel [2]penna die Feder [3]crepundia, ōrum *n Pl.* die Rassel, Klapper [4]latebra das Versteck

A	in Verbindung mit einem Partizip, Adjektiv oder Substantiv als **Ablativus absolutus**
B	Angabe der **Zeit** (Wann?)
C	Angabe des **Ortes** (Wo?), meist in Verbindung mit der Präposition in
D	Angabe eines **Grundes** (Warum?)
E	Angabe des **Mittels** (Womit? Wodurch?)
F	Angabe von **Begleitumständen (Begleitpersonen)**, häufig in Verbindung mit der Präposition cum
G	Ausdruck der **Trennung** oder der **Herkunft**, häufig in Verbindung mit der Präposition a/ab oder e/ex
H	Angabe einer **Eigenschaft** oder **Qualität**
I	Bezeichnung der **handelnden Person im Passiv**, immer in Verbindung mit der Präposition a/ab

Albrecht Dürer: Herkules erlegt die Stymphalischen Vögel. 1500. Nürnberg, Germanisches Nationalmuseum.

2 Wildschweinjagd *Übersetzungsmethoden kennen und anwenden*

Löse den Ablativus absolutus gemäß der Vorgabe auf und übersetze:

	A temporal	B kausal	C konzessiv
1 Adverbialsatz	während, als, nachdem	da, weil	obwohl
2 Beiordnung	danach, währenddessen	deshalb, deswegen	trotzdem, dennoch
3 Präpositionalausdruck	nach, während	wegen	trotz

a) Hydra[1] victa Eurystheus Herculi non pepercit. **C3** **b)** Apro[2] agros delente homines ab Eurystheo auxilium petebant. **B2** **c)** Multis viris fortibus ab apro interfectis homines iam desperabant. **A1** **d)** Hercule summa virtute contendente primo aper capi non potuit. **C1** **e)** Nive[3] cadente itinera apro clausa erant. **B3** **f)** Apro in nive iacente Hercules statim in campum cucurrit, ut bestiam in vincula daret. **A1** **g)** Hercule aprum ante oculos regis ponente Eurystheus in magnum timorem cecidit. **A1**

[1]Hydra die Hydra (eine vielköpfige Wasserschlange)
[2]aper, aprī der Eber, das (männliche) Wildschwein
[3]nix, nivis *f* der Schnee

Louis Tuaillon: Herkules und der Erymanthische Eber. Bronzeplastik. 1904. Berlin-Tiergarten, Lützowplatz.

3 Teufelskerl trifft Höllenhund

Übersetze:

a) Quondam oraculum Delphicum (Delphicus, a, um von Delphi) ediderat: **b)** „Herculem Eurystheo regi servire oportet." **c)** Multis monstris ab Hercule aut interfectis aut subactis tamen Eurystheus plus (plūs mehr) postulavit. **d)** „Tu", inquit, „Cerberum e regno Plutonis educere debes." **e)** Quia Hercules cupidus gloriae erat, hunc quoque laborem difficilem subiit. **f)** Curru trans iuga montium ad portam Tartari properavit. **g)** Cerbero portam custodiente et omnia oculis acribus observante Hercules statim conspectus est. **h)** Hercule viso id monstrum, cui tria capita erant, magna voce latravit (latrāre bellen) et dentes ostendit. **i)** Putavit enim Herculem portam Tartari rumpere et regnum Plutonis intrare velle. **j)** Sed Hercules Cerberum subactum ad Eurystheum traxit. **k)** Cerbero conspecto Eurystheus tandem intellexit se servituti Herculis finem facere debere.

Herkules und Zerberos. Unteritalische Vasenmalerei um 540 v. Chr. Paris, Musée du Louvre.

Selbsttest zu den Lektionen 70–73

Bearbeite zunächst die Aufgaben. Vergleiche dann deine Antworten mit den Antworten im Lösungsteil.

1 Partizipienfabrik

8 BE

Bilde Partizipien im Ablativ:

		Singular	Plural
a) collocare	→ PPP *f*		
b) tegere	→ PPA		
c) conscribere	→ PPP *m*		
d) exire	→ PPA		
e) claudere	→ PPP *n*		
f) capere	→ PPP *f*		
g) decernere	→ PPA		
h) conficere	→ PPP *m*		

2 Lass dich nicht täuschen!

7 BE

Liegt bei den farbig markierten Worten ein Ablativus absolutus (**1**), eine andere Art von Ablativ (**2**) oder ein anderer Kasus (**3**) vor? Notiere die richtige Ziffer hinter den farbig markierten Wörtern bzw. Wendungen und übersetze:

a) **Alexandro** Macedones **regente** ☐ Clitus **summo** in **honore** ☐ erat.

b) Cum animadvertit Alexandrum **ira** ☐ motum agere, animum **regis** ☐ **auctoritate**, **qua** ☐ multum apud illum valebat, flectere temptabat.

c) At Alexander **nullo resistente** ☐ amico **perniciei** ☐ erat.

3 Alexander ist zornig

15 BE

Übersetze:

a) Amico ad se vocato Alexander dixit:
b) „Periculis mihi instantibus tu mihi semper aderas.
c) Aliis me accusantibus tamen a te defendebar.
d) Nunc autem me invito agis et me laedis.
e) Cur te auctore insidiae mihi paratae sunt?“

BE	30–26	25–22	21–17	16–13	12–8	7–0
Bewertung	grandios	respektabel	ordentlich	durch-wachsen	schwach	misslungen

1 Wortkundig *Wortbedeutungen erschließen*

Die Suffixe (Nachsilben) **-ia** und **-itia** bezeichnen bei Substantiven eine Eigenschaft oder einen Zustand. Nenne jeweils das zugrunde liegende Adjektiv und übersetze dann das Substantiv.

a) sapientia **b)** miseria **c)** potentia **d)** tristitia **e)** stultitia **f)** saevitia **g)** malitia **h)** superbia

2 Formsache *Kongruenz Substantiv–Adjektiv anwenden*

Bestimme die Formen nach KNG und unterstreiche jeweils das zugehörige Pronomen.

a) casum (**aliquem** / **aliquorum** / **aliquam**)
b) opinioni (**aliquo** / **aliqui** / **alicui**)
c) sideris (**aliquae** / **aliquibus** / **alicuius**)
d) cursus (**aliqui** / **aliquas** / **aliquod**)

3 Fall für Fall *Textverständnis anwenden*

Setze die Ausdrücke in der Klammer in den erforderlichen Kasus und übersetze dann.

a) Narrabant de (**aliquod sidus**).
b) Audiebatis (**aliquae opiniones falsae**).
c) Sciebat nomen (**aliqui vir clarus**).

4 Milet – Zentrum für Naturwissenschaft

In der griechischen Stadt Milet genießt der Naturwissenschaftler Thales (Thalēs, is) höchstes Ansehen. Übersetze:

a) Thales cupidus scientiae (scientia das Wissen) erat. **b)** Itaque res obscuras aperire cupiebat. **c)** Imprimis quaerebat, e quibus rebus terra constaret. **d)** Opinio eius haec erat: „Aliquid omnibus in rebus latet. **e)** Sed neque aliqui dei terram creaverunt neque mundus (mundus die Welt) aliquo casu factus est. **f)** Tamen aliqua causa omnibus rebus communis esse debet. **g)** Si quid omnibus rebus commune est, certe est aqua. **h)** Num quod animal sine aqua vivere potest?“ **i)** Thale quondam caelum observante res mira accidit: **j)** Dum motum alicuius sideris observat, in puteum (puteus der Brunnen) cecidit. **k)** Ea re visa aliqua serva dixit: **l)** „Si quis non videt ea, quae in terra ipsa sunt, non oportet eum cursum siderum observare. **m)** Tu res divinas contemnens profecto non sapis!“

Zum größten Erstaunen seiner Landsleute sagte Thales die totale Sonnenfinsternis vom 28. Mai 585 v. Chr. voraus.

1 Gut in Form! *Formen bilden: Komparativ und Superlativ*

Betrachte das Beispiel und bilde zu den folgenden Adjektiven jeweils den Komparativ und Superlativ. Übersetze dann die neu gebildeten Formen.

Beispiel: clarus → Komparativ: clarior → Superlativ: clarissimus

a) altus **b)** cupidus **c)** sapiens **d)** brevis **e)** tristis **f)** ingens

2 In Höchstform! *Lateinische Sätze mit Superlativ bilden*

Betrachte das Beispiel und verwandle die Komparative mit quam in Superlative. Übersetze dann.

Beispiel: Solo **sapientior est quam omnes.** → Solo **sapientissimus est.**

a) Rex potentior est quam omnes alii.

b) Croesus divitior est quam omnes.

c) Puella felicior est quam amicae.

d) Hoc munus gravius est quam illud.

3 Die Weisheit des Orakels

Übersetze:

a) Temporibus antiquis oraculum Delphicum (Delphicus, a, um von Delphi) clarissimum erat. **b)** Delphis (Delphīs in Delphi) et reges potentissimi et pauperes sacrificiis opem Apollinis petebant. **c)** Tum Pythia, vates sanctissima, petentibus fata dei edebat. **d)** Quondam amicus Socratis (Sōcratēs, is Sokrates) oraculum petivit. **e)** Ingentiore cupiditate veritatis (vēritās, ātis *f* die Wahrheit) motus rogavit: „Quis sapientissimus omnium hominum est?“ **f)** A Pythia ei responsum est: „Socrates!“ **g)** Hoc fato recepto aiunt Socratem primo negavisse se sapientiorem esse quam omnes.“ **h)** Itaque aliquem invenire voluit, qui sapientior erat. **i)** Conveniebat cum poetis, qui cupidissimi gloriae versus dulcissimos composuerant. **j)** Illi in domibus regiis carmina sua recitaverant, ut viri gravissimi testes summi ingenii sui essent. **k)** Socrates conveniebat etiam cum viris divitioribus, qui animo fortiore magnas opes paraverant. **l)** His omnibus interrogatis Socrates brevissimo tempore comprehendit oraculum verum dixisse.

Sokrates (470–399 v. Chr.). Römische Marmorkopie eines griechischen Originals aus dem 4. Jh. v. Chr. Paris, Musée du Louvre.

76

1 **Wortkundig** *Wortfamilien bilden / Wortbedeutungen erschließen*

Das Suffix (Die Nachsilbe) **-tudo** drückt beim Substantiv einen Zustand aus. Nenne jeweils das zugrunde liegende Adjektiv. Dann kannst du die folgenden Substantive problemlos übersetzen.

pulchritudo – beatitudo – turpitudo – fortitudo – claritudo – magnitudo – altitudo – latitudo – necessitudo – multitudo

2 **Hymne auf Sappho** *Formen bilden: Superlativ*

Ein Verehrer der griechischen Dichterin Sappho kommt ins Schwärmen. Bilde jeweils die entsprechende Superlativform und übersetze dann die Sätze.

a) Versus eius non solum **dulces**, sed .... sunt.

b) Forma eius non solum **pulchra**, sed .... est.

c) Vita eius non solum **difficilis**, sed .... erat.

d) Carmina eius non solum **clara**, sed .... sunt.

e) Fatum eius non solum **miserum**, sed .... erat.

3 **Umbauarbeiten** *Lateinische Sätze bilden*

Übersetze und verwandle dann jeweils den Ablativ des Vergleichs in eine Konstruktion mit quam.

a) Hae puellae pulchriores sunt **aliis**.

b) Hic vir fortior est **illo**.

c) Animus meus tristior est **tuo**.

d) Supplicium nostrum gravius est **vestro**.

4 **Ein Olympiasieger bedankt sich**

Der griechische Dichter Pindar schrieb Lobeshymnen auf Sieger in sportlichen Wettkämpfen. Unter anderem feierte er auch den Olympiasieg, den König Hieron I (Hierō, ōnis) von Syrakus beim Wagenrennen errungen hatte. Für diesen Lobpreis bedankt sich der König bei Pindar in einem Brief. Übersetze:

a) Hiero Pindari suo salutem dicit. **b)** Epistula tua me summo gaudio complevit. **c)** Nam una cum hac epistula mihi carmen misisti. **d)** Prioribus annis pulchrius carmen non legi. **e)** Pulcherrimi autem sunt ii versus, quibus victoriam meam laudas. **f)** Numquam donum eo pulchrius accepi. **g)** Nam hi versus mihi solacio sunt. **h)** Mihi enim in negotiis difficillimis occupato (occupātus, a, um in beschäftigt mit) non contigit, ut Graeciam peterem et spectaculo adessem. **i)** Tu autem versibus tuis perfecisti, ut totum quadrigarum certamen (quadrīgārum certāmen das Wagenrennen) ut praesens cernerem. **j)** Ab initio omnia videbam, clamorem populi audiebam, una cum auriga (aurīga *m* der Wagenlenker) in curru stabam, equos meos celerrimos impellebam. **k)** Cladem diutius timebam, tum demum victoria equorum meorum erat. **l)** Vale!

1 Mutter Latein *Fremdwörter erklären*

Erkläre die folgenden Fremdwörter, indem du die ihnen zugrunde liegenden lateinischen Wörter angibst:

Optimist – Pessimist – Minimalist – Majorität – Maximum – Minorität

2 Wortwechsel *Adjektive übersetzen*

An den Gedichten des Poeten scheiden sich die Geister.
Setze ein und übersetze:
Is poeta clarus carmina [?] composuit.

a) obscura **b)** pessima **c)** minima **d)** meliora **e)** optima
f) pulcherrima **g)** difficillima **h)** maxima gloria digna

3 Ab in den Komparativ und Superlativ! *Formen bilden: Komparativ und Superlativ*

a) **bono** auctori ....
b) **claro** auctore ....
c) **parvi** honoris ....
d) **miseri** honores ....
e) **magna** gens ....
f) **mala** facta ....

4 Die Pyramiden von Gizeh

a) Temporibus antiquis multa monumenta maxima erant. **b)** Nullum autem monumentum maius erat quam maxima e sex pyramidibus (pȳramis, idis *f* die Pyramide), quae extra Alexandriam urbem sitae (situs, a, um gelegen) erant. **c)** Tres erant parvae, duae maiores, una autem plus septingentis pedibus longa et paulo minus quingentis pedibus alta erat. **d)** Intus complures cellae (cella die Kammer) erant, quarum aliae maiores, aliae minores, aliae minimae erant. **e)** His in cellis reges mortui Aegyptorum (Aegyptī, ōrum die Ägypter) condebantur. **f)** Summa autem saxa maximae pyramidis aurea erant. **g)** Haec quidem omnia a servis miserrimis perfecta, sed a meliore, immo ab optimo artifice excogitata (excōgitāre ausdenken) sunt. **h)** Nam ille artifex opus fecit, quod nullo cum alio opere comparari potest. **i)** Neque enim a pessimis sceleratis neque tempestatibus (tempestās, ātis *f* der Sturm), quae sunt sceleratis peiores, deleri potest. **j)** Itaque pyramides aeterniores aedibus deorum erant, sunt, erunt.

Selbsttest zu den Lektionen 74–77

Bearbeite zunächst die Aufgaben. Vergleiche dann deine Antworten mit den Antworten im Lösungsteil.

1 Aliquiz! 4 BE

Bestimme nach KNG:

a) aliquos viros **b)** alicuius virginis **c)** alicui rei **d)** aliquo numine

2 Komparativ und Superlativ 6 BE

Bestimme die Komparativformen nach KNG und ordne ihnen die passenden Superlativformen zu.

A divit-iore	**B** pauper-iores	**C** felic-ioris	**D** trist-ius	**E** facil-ioribus	**F** miser-iorum
1 -rimi	**2** -issimo	**3** -limis	**4** -rimorum	**5** -issimum	**6** -issimae

3 Täuschungsmanöver 4 BE

Lass dich nicht täuschen!
Einige Formen sind keine Steigerungsformen!
Ordne sie den entsprechenden Masken zu.

clamoris – clarioris – capior – librorum – auxiliorum – mercatore – moveor – melior

4 Fehlersuche 6 BE

In der deutschen Übersetzung finden sich drei Fehler. Unterstreiche und verbessere sie:

Socrates sapientissimus appellatus est et in foro alium sapientiorem quaerebat.

(Sokrates wurde von einem anderen weise genannt und suchte auf dem Forum den Weisesten.)

....

BE	20-18	17-16	15-14	13-12	11-7	6-0
Bewertung	grandios	respektabel	ordentlich	durch-wachsen	schwach	misslungen

78

1 Ersetzbar *Formen von ferre bilden und bestimmen*

Ersetze die Formen von **portare** durch die entsprechenden Formen von **ferre** und umgekehrt.

a) portabam **b)** ferent **c)** portavisses **d)** latus est **e)** portat
f) ferres **g)** porta **h)** portaretis **i)** feras **j)** portaverunt
k) ferunt **l)** portamus **m)** feremur **n)** portabantur

2 Dein Einsatz, bitte! *Textverständnis anwenden*

Setze die Partizipien sinnvoll ein und übersetze dann mit Hilfe der Klammertechnik.

amata – ferentem – collatis – illati – delatum – allatos – relatum

a) Lucius et Marcus puellas conferunt et haec inveniunt: **b)** **Lucius**: „Cornelia a multis pueris .... te et me neglegit." **c)** **Marcus**: „De Claudia id mihi .... est: Donis in villam .... non semper gaudet." **d)** **Lucius**: „Quod donum a te iam .... est?" **e)** **Marcus**: „Libros a me .... reppulit." **f)** **Lucius**: „Certe id fecit, quia ornamenta mea praefert." **g)** **Marcus**: „Illi dolores a Claudia mihi .... a me bene feruntur. **h)** At Anna a Claudia et a Cornelia differt: Nuper me libros manibus .... rogavit, ut de libris meis referrem!"

3 Notlösung

Als König Laios von Theben kinderlos bleibt, geht er zum Orakel von Delphi. Dieses gibt ihm zur Auskunft, dass er sich, sollte er jemals einen Sohn zeugen, vor diesem in Acht nehmen müsse. Traurig kehrt er nach Hause zu seiner Frau Iokaste zurück. Übersetze:

a) **IOCASTA:** Ad oraculum, vir carissime, te contulisti. Refer responsum (respōnsum die Antwort), quod oraculum tibi obtulit. **b)** **LAIUS:** Oraculum asperrimum ad te affero. **c)** **IOCASTA:** Etsi res tristissimas ad me defers, verba oraculi audire volo. **d)** **LAIUS:** Vates hoc dixit: „Si uxor tua filium pepererit, ille te occidet." **e)** **IOCASTA:** Oraculum, quod ad me detulisti, mihi maximum terrorem infert. Praegnans (praegnāns, antis schwanger) enim sum.

Einige Monate später bringt Iocaste einen Sohn zur Welt:

f) **IOCASTA:** Quid nunc agimus? Multa perferre possum. Te autem a filio occidi non perferam. Itaque oportet nos puerum interficere. **g)** **LAIUS:** Hoc leges divinae vetant. Itaque melius erit eum auferre. **h)** Iubebo servos puerum ex urbe in montes ferre. Quod negotium differri non debet. **i)** **IOCASTA:** Consilium tuum asperum, sed laude dignum est. Non enim superbia, sed neccessitate (necessitās, ātis *f* die Notlage) impulsus hoc consilium cepisti.

1 Gesucht! *Verbformen: Kategorien bilden*

Markiere alle Verbformen, die im Konjunktiv Präsens stehen:

a) existimamus **b)** exerceat **c)** confirment **d)** impones **e)** inferam **f)** fugiat **g)** caveram **h)** sustineatis **i)** rapiantur **j)** perferet **k)** cogamur **l)** venerat **m)** peccent **n)** offerantur

2 Zauberstab *Verbformen bilden*

Verwandle Indikativformen in Konjunktivformen derselben Zeitstufe und umgekehrt:

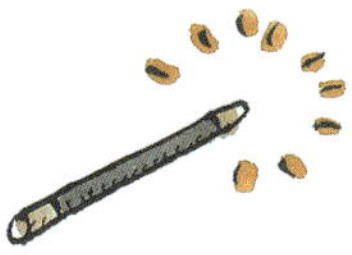

a) feruntur		**g)** sim	
b) imposuissem		**h)** moneamur	
c) desperabamus		**i)** potestis	
d) it		**j)** volunt	
e) issem		**k)** dem	
f) rapiuntur		**l)** munit	

3 Regierungsweisheit?

König Kreon spricht über seine königlichen Gesetze. Übersetze:

a) „Rex sum. Civibus leges iustas do. **b)** Has leges civibus impono, ut perniciem a civitate prohibeam. **c)** Poenis duris prohibeo, ne cives peccent. **d)** Cives poenis asperis moneri debentur. Oportet cives cavere, ne cui iniuriam inferant! **e)** Ergo leges non gloriae causa do, sed quia communi saluti usui sunt. **f)** Mea sententia leges optima praesidia pacis sunt. **g)** Necesse igitur est, ut iste, qui hoc negat, vir impius sit. **h)** Dei enim postulant, ut pax servetur. **i)** Quisnam non contendet, ut voluntati deorum pareat?“

Szene aus der Oper „Oedipus" an der Oper in Berlin 1987. Links König Kreon, rechts König Ödipus.

80

1 Wortkundig *Fremdsprachen entschlüsseln*

Die Suffixe **-ilis** und **-bilis** bezeichnen gewöhnlich eine Fähigkeit oder Tauglichkeit. Im Englischen findest du dafür das Suffix **–ble**. Gib jeweils das lateinische Ursprungswort an und übersetze dann die Adjektive:

a) portable **b)** incredible **c)** terrible **d)** impossible **e)** acceptable **f)** invincible

2 Formenbau *Verbformen bilden: Konjunktiv*

Bilde Konjunktivformen, indem du jeweils nur *einen* Buchstaben *änderst* oder *hinzufügst.*

a) laudas **b)** auditis **c)** committimus **d)** nolle **e)** pudet **f)** attingis **g)** iunxisse **h)** iunges **i)** constant **j)** recipere **k)** eunt **l)** regit **m)** imponuntur

3 Zuversichtlich *Verbformen unterscheiden: Jussiv, Hortativ*

Haimon, der Sohn des Kreon, macht Antigone Mut. Übersetze.

a) Amor nos semper iungat!
b) Ne pater tibi hanc poenam incredibilem imponat!
c) Mox nuptias (nūptiae, ārum *f Pl.* die Hochzeit) statuamus!
d) Vivamus atque amemus!

4 Abrakadabra *Sprachgefühl entwickeln*

Übersetze die folgenden Zaubersprüche mit dem Pronomen *sich.*

a) Porta aperiatur! **b)** Portae claudantur! **c)** Canis in equum mutetur! **d)** Mensa ornetur!

5 Flammender Apell

Eurydike, die Frau Kreons, mahnt diesen – leider erfolglos – zur Vernunft:

a) „Pudeat te furoris tui! **b)** Antigona nullum scelus commisit. **c)** Virgini igitur ignoscatur! **d)** Nonne audis sermones civium? **e)** Poenam tuam et adulescentes et senes reprehendunt. **f)** Dicunt talem poenam ius non attingere. **g)** Ergo educamus Antigonam e custodia! Ne sola claudatur! **h)** Illa imperio tuo incredibili virtute restitit, quod noluit corpus fratris canibus feris obici. **i)** Tua auctoritate indignum est tam iustam causam neglegi. **j)** Immo gaudeamus virginem piam filio nostro nubere! **k)** Iungamus Antigonam cum eo, demus amantibus dotem maximam!“

Antigone wird von zwei Wächtern flankiert zu König Kreon gebracht. Süditalisches Vasenbild. Um 380 v. Chr. London, British Museum.

Selbsttest zu den Lektionen 78–80

Bearbeite zunächst die Aufgaben. Vergleiche dann deine Antworten mit den Antworten im Lösungsteil.

1 Sinnvoll und möglich? 6 BE

Streiche die Wörter oder Wortverbindungen, die inhaltlich und / oder grammatikalisch nicht zum Prädikat passen:

a) ... illata est. ←	arma	iniuria	vestis	magna copia vini
b) ... extulerunt. ←	mortuos	victorem	arbori	facta
c) ... perferimus. ←	labores	dona	vineas	bellum

2 Formgenau 6 BE

Bilde jeweils die entsprechende Form im Konjunktiv Präsens.

a) manet ....

b) eunt ....

c) ferimur ....

d) possum ....

e) vult ....

f) peccas ....

3 Jussiv oder Hortativ? 4 BE

Bestimme und übersetze.

a) Abeamus! ....

b) Adsit! ....

4 Liebe bis in den Tod 14 BE

Übersetze:

a) Haemon adulescens se ad Antigonam contulit.
b) Postquam amorem suum verbis extulit, addidit:
c) „Antea dixi: Vivamus, mea Antigona, atque amemus!
d) Nunc autem necesse est, ut dicam: Pereamus!
e) Gaudeat Creon duobus mortuis, nisi tibi vivae ignoscere vult.“

BE	30-26	25-22	21-17	16-13	12-8	7-0
Bewertung	grandios	respektabel	ordentlich	durch-wachsen	schwach	misslungen

1 Zauberstab *Verbformen bilden: Konjunktiv Perfekt*

Verwandle Aktivformen ins Passiv und umgekehrt:

accusaverit .... adducti sint ....

constituerint .... aspexerimus ....

averteris .... conspectus sim ....

2 Komplett! *Verbformen bilden: Konjunktiv Perfekt*

Nun kennst du alle lateinischen Verbformen. In einer Tempusreihe kannst du beweisen, ob du die Formen wirklich sicher beherrschst.

Ind. Präs.	capit	terremus	reprehenderis
Konj. Präs.			
Ind. Impf.			
Konj. Impf.			
Fut. I			
Ind. Perf.			
Konj. Perf.			
Ind. Plusqpf.			
Konj. Plusqpf.			
Fut. II			

3 Tiberius in den Tiber!

Ein Senator ruft zum Widerstand gegen die Pläne des Tiberius Gracchus auf. Übersetze:

a) „Metu magno terreor, cum Tiberius plebem sollicitaverit. **b)** Ille consilia sua improba non iam celat. **c)** Cum omnia perturbata sint, nunc palam in senatum animadvertit. **d)** Tiberio auctore dignitas senatorum violatur. **e)** Nulla iniuria, nullum scelus est, quod id monstrum non committit. **f)** Cum ei antea faverim, perniciosa consilia eius me nunc adducunt, ut iuveni furore moto resistam. **g)** Tiberius cum sua sponte (suā sponte von selbst) non desiterit omnia perturbare, necesse est, ut occidatur. **h)** Nece ei illato tuti erimus. **i)** Ideo hoc postulo: Tiberium in Tiberim!“

Tod des Tiberius Gracchus. Kolorierter Stahlstich. 1842.

Lektion 70

1 **PPA:** metuente ↓ deponente ↑ tacente ↓ ruente ↓ iubente ↑ | **PPP:** collocatis ↓ datis ↓ pulsis ↑ monito ↑ clauso → tecta → impulsis ←

2 **a)** (Claudia studente) Marcus officia neglexit. PPA, Zeitangabe, gleichzeitig. Während Claudia studierte, vernachlässigte Markus seine Pflichten. **b)** (Marco magna voce clamante) Claudia ira commota est. PPA, Begründung, gleichzeitig. Weil / Da Markus laut schrie, ist Claudia von Zorn bewegt worden. **c)** (Claudia a magistro laudata) Marcus tacet. PPP, Zeitangabe oder Begründung, vorzeitig. Nachdem / Weil Claudia vom Lehrer gelobt worden ist, schweigt Markus. **d)** (Marco a magistro reprehenso) Claudia risit. PPP, Begründung, vorzeitig. Weil / Da Markus vom Lehrer kritisiert worden war, lachte Claudia.

3 **1d:** Als der Frühling begann, errichtete (schlug) Alexander ein Lager (auf). **2b:** Nachdem das Lager errichtet (aufgestellt) worden war, pflegten die Soldaten ihre Körper. **3e:** Während die Soldaten im Lager warteten (blieben), suchte Alexander den Tempel des Jupiter auf. **4a:** Während Alexander den Tempel des Jupiter aufsuchte, warteten (blieben) die Soldaten im Lager. **5c:** Nachdem der Gott befragt worden war (Nachdem er den Gott befragt hatte), brach Alexander nach Asien auf.

4 **a)** Am Ende des Frühlings rief Alexander, der Sohn König Philipps, die Soldaten im Lager zusammen. **b)** Nachdem er die Soldaten zusammengerufen hatte, hielt Alexander eine Rede. **c)** Als Alexander die Rede hielt, schwiegen die Soldaten. **d)** Nach der Rede (Nachdem die Rede gehalten worden war) gingen die Truppen aus dem Lager heraus; dann stellte Alexander diese vor den Mauern der Stadt auf. **e)** Als sie diese Sache erblickt hatten (Nachdem diese Sache erblickt worden war), schlossen die Bürger die Stadttore. **f)** Nachdem die Stadttore geschlossen worden waren, stürmte Alexander wütend zu den Mauern. **g)** Als (Während) alle zuhörten, sagte der berühmte Feldherr mit höchstem Selbstvertrauen: **h)** „Wenn ihr klug seid, ihr Bürger, werdet ihr mir das Stadttor öffnen. **i)** Ihr wisst nämlich gewiss, dass niemand mich bisher besiegt hat. **j)** Nachdem alle Feinde in den Staub geworfen worden waren, habe ich deren Städte ganz und gar (völlig) zerstört. **k)** Auch euren Staat und euch werde ich mit Gewalt besiegen. **l)** Nachdem (Weil) sie diese Worte gehört hatten (Nachdem diese Worte gehört worden waren), verzweifelten die Bürger und öffneten das Stadttor.

Lektion 71

1 **a)** **1B** Libello invento Iulia ridet: Weil das Buch gefunden wurde, lacht Julia. **2D** Mensa ornata: Weil der Tisch geschmückt wurde, lacht Julia. **3E** Sceleratis captis: Weil die Verbrecher gefangen wurden, lacht Julia. **4C** Vere ineunte: Weil der Frühling beginnt, lacht Iulia. **5A** Pueris cantantibus: Weil die Jungen singen, lacht Julia. | **b)** **1C** Marco studente Iulia tacuit: Als / Während Marcus studierte, schwieg Julia. **2A** Equo violato: Als / Nachdem / Weil das Pferd verletzt worden war, schwieg Julia. **3B** Servis clamantibus: Als / während die Sklaven schrien, schwieg Julia. **4E** Fabula narrata: Als / Nachdem die Geschichte erzählt worden war, schwieg Julia. **5D** Ornamentis raptis: Als / Nachdem / Weil die Schmuckstücke geraubt worden waren, schwieg Julia.

2 **a)** Weil Julia singt, lacht der Vater. **b)** Weil Julia von allen gelobt worden war, lachte der Vater.

3 **a)** Bei Frühlingsbeginn (Als der Frühling begann,) schickte Alexander Boten zu verschiedenen Städten. **b)** Nachdem die Boten geschickt worden waren, wurden Truppen ausgehoben (rekrutiert; zusammengeschrieben). **c)** Nachdem Truppen ausgehoben worden waren, wurde Krieg gegen die Perser geführt. **d)** Indem (Dadurch dass; Weil) Alexander Krieg führte, wurde die Freiheit Griechenlands verteidigt.

4 **a)** Weil (kausal) / Als (temporal) Alexander die Feinde abhielt, waren die Griechen sicher. **b)** Obwohl (konzessiv) die Griechen den Frieden liebten, fürchteten die Feinde (dennoch) Krieg. **c)** Nachdem (temporal) / Weil (kausal) der König der Feinde besiegt worden war, wurden viele Soldaten ergriffen. **d)** Obwohl (konzessiv) der König den wütenden Sieger fürchtete, schonte Alexander die Gefangenen dennoch. **e)** Indem (modal) / Weil (kausal) Alexander die Gefangenen schonte, wurde der Ruhm der Griechen vergrößert.

5 **a)** Nachdem die Wissenschaften vom Lehrer gelobt worden sind, fragt Alexander: „Warum hast du so viele Büchlein verfasst? **b)** Warum willst du die gesamte Natur, die mit Augen betrachtet werden kann – die Bäume, die Flüsse, die wilden Tiere – erkennen?" **c)** Als er diese Worte hörte (Nachdem diese Worte gehört worden sind), antwortet Aristoteles: „Ohne dass mich jemand dazu zwang, habe ich dies getan. **d)** Aber ich habe beschlossen, dass alles, was verborgen ist, aufgedeckt wird. Deshalb bin ich ein Verfasser vieler Büchlein." **e)** Alexander antwortet: „Obwohl andere deine Büchlein loben, werde ich dennoch nicht von deiner Wissenschaft (deinen Wissenschaften) bewegt. **f)** Denn mich bewegt der Ruhm von Feldherren. **g)** Unter allen nämlich steht fest, dass dies der wahre und der größte Ruhm ist. **h)** Nachdem ich diesen Ruhm erreicht habe (Nachdem dieser Ruhm erreicht worden ist), werden alle mich und meine Taten im Gedächtnis behalten. **i)** Ich habe also den Plan gefasst, die Griechen vor den Persern zu schützen. **j)** Da ich diesen Plan gefasst habe (Da dieser Plan gefasst worden ist), müssen von mir Kriege geführt werden, Städte erobert und die Perser besiegt werden. **k)** Nach dem Sieg über die Perser (Nachdem die Perser besiegt worden sind) werden die Griechen mich, den sie kurz zuvor (noch) fürchteten, als (für) eine anwesende Gottheit erachten (halten).

Lektion 72

1 **a)** negotio / negotiis **b)** vico / vicis **c)** numine/ numinibus **d)** te /– **e)** ponte / pontibus **f)** – / vobis **g)** portu/ portibus **h)** me /– **i)** milite / militibus **j)** arbore / arboribus **k)** – / nobis **l)** nomine / nominibus **m)** re / rebus **n)** munere / muneribus

2 Me timente: Als ich Angst hatte, half mir Philipp nicht. | Curis me torquentibus: Als Sorgen mich quälten, half mir Philipp nicht. | Periculo me terrente: Als eine Gefahr mich erschreckte, half mir Philipp nicht.

Militibus auctoribus: Auf Veranlassung der Soldaten wurde Philipp zum König gemacht. | Avo mortuo: Nach dem Tod des Großvaters wurde Philipp zum König gemacht. | Negotiis bene factis: Nachdem / Weil die Aufgaben gut erledigt (gemacht) worden waren, wurde Philipp zum König gemacht.

Avo vivo: Zu Lebzeiten meines Großvaters waren die Makedonen mächtig. | Persis invitis: Gegen den Willen der Perser waren die Makedonen mächtig. | Patre meo duce: Unter der Führung meines Vaters waren die Makedonen mächtig.

3 **a)** „Auf eure Veranlassung hin ist Alexander unser König. **b)** Dieser ist zwar ein junger Mann, aber er ist schon in ganz Griechenland berühmt. **c)** Wir verzeihen dessen Wagemut, denn er besitzt sehr große (die größte) Tapferkeit. **d)** Unter allen steht fest, dass dieser von Aristoteles belehrte Mann weise und tapfer ist. **e)** Deshalb meine ich, dass von Alexander nach dem Tod seines Vaters das Reich vergrößert werden kann. **f)** Gewiss nämlich werden wir unter seiner Führung (mit diesem Führer) die Perser besiegen: **g)** Die Perser haben unter dem König Darius nicht nur Griechenland, sondern auch Athen erobert. **h)** Nachdem / Weil ihnen Geschenke nicht gesandt worden waren, haben diese Barbaren, von Zorn bewegt, alles zerstört. **i)** Im Beisein des Volkes haben sie grausame Verbrechen begangen. **j)** Ja sogar gegen den Willen der Götter haben sie die heiligen Tempel Athens entehrt (verletzt). **k)** Obwohl die Gesandten jener von Frieden sprachen, wurden dennoch Kriege vorbereitet. **l)** Aber zu Lebzeiten Alexanders werden die Perser die Strafe für jene Verbrechen zahlen."

4 Alexandro auctore milites dimissi sunt. Auf Veranlassung Alexanders sind die Soldaten weggeschickt worden. Dimissis militibus Alexander amicos propius (propius *Adv.* näher) adire iussit. Nachdem er die Soldaten weggeschickt hatte (die Soldaten weggeschickt worden waren), befahl Alexander den Freunden näher heranzutreten. Amicis praesentibus Alexander anulum (ānulus der Ring) uni ex eis tradidit. In Anwesenheit der Freunde (Während die Freunde anwesend waren,) übergab Alexander einem von diesen den Ring. Anulo amico tradito Alexander imperavit, ut in Aegypto (!) sepeliretur (sepelīre bestatten). Nachdem er dem Freund den Ring übergeben hatte (der Ring dem Freund übergeben worden war), befahl Alexander, ihn in Ägypten zu bestatten (dass er in Ägypten bestattet wird). Hoc imperio accepto amici Alexandrum rogaverunt: „Cui imperium relinquis?" Nach diesem Befehl (Nachdem er dies befohlen hatte/ Nachdem dieser Befehl empfangen worden war,) fragten die Freunde Alexander: „Wem überlässt (lässt) du die Herrschaft (zurück)?" Quaerentibus amicis rex respondit: „Ei, qui optimus (optimus, a, um der beste) est. Weil die Freunde fragten (Den fragenden Freunden), antwortete der König: „Dem, der der Beste ist." His verbis dictis Alexander mortuus est. Nach diesen Worten (Nachdem er diese Worte gesagt hatte / Nachdem diese Worte gesagt worden waren,) starb Alexander. Alexandro mortuo amici de imperio pugnare incipiunt. Nach dem Tod Alexanders beginnen die Freunde, um die Herrschaft zu kämpfen.

Lektion 73

1 **1H** vi ingenti – **2A** multis factis ... confectis– **3E** magna voce – **4D** conspectu turpi – **4C** in patria nostra – **5E** pennis acribus – **5F** cum iis – **6E** auxilio – **7G** amicis idoneis – **8B** nocte – **8A** Hercule auctore – **9E** His crepundiis – **9G** e latebris suis

1. Ihr wisst, dass Herkules ein ungeheuer kräftiger Mann (ein Mann von ungeheurer Kraft) war. **2.** Nachdem / Weil viele erstaunliche Taten von ihm vollbracht worden waren, baten die Menschen weiter um seine Hilfe. **3.** Bald kamen die Menschen laut (mit lauter Stimme) schreiend zu ihm: **4.** „Vögel, die in unserer Heimat leben, erschrecken uns mit ihrem° hässlichen Anblick. **5.** Mit scharfen Federn verletzen sie die, die mit ihnen kämpfen." **6.** Herkules meinte, dass er jene Vögel nur mit Hilfe des Gottes Vulcanus besiegen könne. **7.** Denn seine Freunde hatten keine geeignete Hilfe. **8.** Vulcanus baute (machte) nachts auf Herkules' Veranlassung (hin) gewaltige Rasseln. **9.** Mit diesen Rasseln machte er einen so großen Lärm, dass die Vögel erschreckt aus ihren Verstecken flohen.

2 **a)** Trotz des Sieges über die Hydra schonte Eurystheus Herkules nicht. **b)** Der Eber zerstörte die Felder; deshalb baten die Menschen Eurystheus um Hilfe. **c)** Nachdem viele tapfere Männer vom Eber getötet worden waren, verzweifelten die Menschen schon. **d)** Obwohl sich Herkules mit höchster Tapferkeit anstrengte, konnte der Eber zuerst nicht gefangen werden. **e)** Wegen Schneefalls waren die Wege für den Eber versperrt. **f)** Als der Eber im Schnee lag, lief Herkules sofort auf das Feld, um das wilde Tier zu fesseln. **g)** Als Herkules den Eber vor die Augen des Königs legte, (ver)fiel Eurystheus in große Furcht.

3 **a)** Einst hatte das Orakel von Delphi geäußert: **b)** „Herkules muss dem König Eurystheus dienen. **c)** Obwohl viele Ungeheuer von Herkules entweder getötet oder unterworfen worden waren, forderte Eurystheus dennoch mehr. **d)** Er sagte: „Du musst den Zerberus aus dem Reiche Plutos herausführen." **e)** Weil Herkules begierig nach Ruhm war, nahm er auch diese schwierige Arbeit auf sich. **f)** Mit dem Wagen eilte er über die Berge hin zum Eingang des Tartarus. **g)** Weil Zerberus den Eingang (das Tor) bewachte und alles mit seinen scharfen Augen beobachtete, ist Herkules sofort erblickt worden. **h)** Als er Hercules gesehen hatte, bellte dieses Ungeheuer, das drei Köpfe besaß, mit lauter Stimme und fletschte (zeigte) seine Zähne. **i)** Es glaubte nämlich, dass Herkules den Eingang des Tartarus durchbrechen und das Königreich des Pluto betreten wolle. **j)** Aber Herkules schleppte den bezwungenen Zerberus zu Eurystheus. **k)** Als er den Zerberus erblickte, verstand Eurystheus endlich, dass er der Knechtschaft des Herkules ein Ende machen müsse.

Selbsttest zu den Lektionen 70–73

1 **a)** collocata → collocatis **b)** tegente → tegentibus **c)** conscripto → conscriptis **d)** exeunte → exeuntibus **e)** clauso → clausis **f)** capta → captis **g)** decernente → decernentibus **h)** confecto → confectis (je richtige Form ½ BE)

2 **a)** Als Alexander die Makedonen regierte **(1)**, stand Clitus in höchster Ehre **(2)**. **b)** Immer wenn er wahrnahm, dass Alexander von Zorn **(2)** bewegt handelte, versuchte er den König **(3)** umzustimmen (den Sinn des Königs zu beugen) durch das Ansehen, durch das **(2)** er bei jenem viel Einfluss hatte. **c)** Doch Alexander brachte ohne Widerstand **(1)** dem Freund Verderben **(3)**. (je 1 BE).

3 Je Fehler 1 BE Abzug (z. B. bei 3 Fehlern → 15 BE – 3 BE = 12 BE) **a)** Alexander sagte, nachdem er einen Freund zu sich gerufen hatte (nachdem ein Freund zu ihm gerufen worden war): **b)** „Als mir Gefahren drohten, halfst du mir immer. **c)** Obwohl andere mich anklagten, wurde ich dennoch von dir verteidigt. **d)** Nun aber handelst du gegen meinen Willen und verletzt mich. **e)** Warum ist auf deine Veranlassung (hin) ein Attentat auf mich vorbereitet worden?"

Lektion 74

1 **a)** sapiens: klug, weise → die Klugheit, die Weisheit **b)** miser: arm, erbärmlich, unglücklich → das Unglück, das Leid, das Elend **c)** potens: mächtig, stark → die Macht, die Stärke **d)** tristis: traurig, unfreundlich → die Traurigkeit, die Trauer, das unfreundliches Benehmen **e)** stultus: dumm → die Dummheit **f)** saevus: schrecklich, wild, wütend → die Grausamkeit, die Wildheit, die Wut **g)** malus: schlecht, schlimm → die Schlechtigkeit, die Bosheit **h)** superbus: stolz, überheblich → der Stolz, die Überheblichkeit

2 **a)** casum: Akk. Sg. *m* → aliquem **b)** opinioni: Dat. Sg. *f* → alicui **c)** sideris: Gen. Sg. *n* → alicuius **d)** cursus: Nom. Sg. / Pl. oder Gen. Sg. *m* → aliqui

3 **a)** aliquo sidere: Sie erzählten von irgendeinem Stern(bild). **b)** aliquas opiniones falsas: Ihr hörtet irgendwelche falschen Meinungen. **c)** alicuius viri clari: Er kannte den Namen irgendeines berühmten Mannes.

4 **a)** Thales war begierig nach Wissen. **b)** Deshalb wollte er verborgene Dinge entdecken. **c)** Vor allem fragte er danach, aus welchen Dingen die Erde bestünde. **d)** Seine Meinung war folgende: „Irgendetwas ist in allen Dingen verborgen. **e)** Aber weder haben irgendwelche Götter die Erde erschaffen noch ist die Welt durch irgendeinen Zufall erschaffen (gemacht) worden. **f)** Dennoch muss irgendein Grund allen Dingen gemeinsam sein. **g)** Wenn irgendetwas allen Dingen gemeinsam ist, ist es sicherlich Wasser. **h)** Kann etwa irgendein Lebewesen ohne Wasser leben?" **i)** Als Thales einmal den Himmel beobachtete, ereignete sich eine sonderbare Sache: **j)** Während er die Bewegung irgendeines Gestirns beobachtete, fiel er in einen Brunnen. **k)** Nachdem sie das gesehen hatte, sagte irgendeine Sklavin: **l)** „Wenn irgendeiner nicht das sieht, was auf der Erde selbst liegt, gehört es sich nicht für ihn, den Lauf der Gestirne zu beobachten. **m)** Weil du (Du, der du) die göttlichen Dinge verachtest, hast du tatsächlich keinen Verstand!"

Lektion 75

1 Die Übersetzungen in Klammern können jeweils auf alle Beispiele übertragen werden. **a)** altior, altissimus: höher, tiefer (ziemlich hoch / tief; (all)zu hoch / tief); der Höchste, der Tiefste (äußerst / sehr hoch / tief ...) **b)** cupidior, cupidissimus: gieriger; der Gierigste **c)** sapientior, sapientissimus: weiser; der Weiseste **d)** brevior, brevissimus: kürzer, der Kürzeste **e)** tristior, tristissimus: trauriger, unfreundlicher; der Traurigste, der Unfreundlichste **f)** ingentior, ingentissimus: gewaltiger, ungeheurer; der Gewaltigste, Ungeheuerste

2 **a)** Rex potentissimus est: der König ist sehr / äußerst mächtig / der Mächtigste. **b)** Croesus divitissimus est: Krösus ist sehr / äußerst reich / der Reichste. **c)** Puella felicissima est: Das Mädchen ist sehr / äußerst glücklich / die Glücklichste. **d)** Hoc munus gravissimum est: Diese Aufgabe ist sehr / äußerst schwer / die schwerste.

3 **a)** In alten Zeiten war das Orakel von Delphi sehr berühmt. **b)** In Delphi erstrebten sowohl die mächtigsten Könige als auch arme Menschen durch Opfer die Hilfe des Apollo. **c)** Damals machte Pythia, eine sehr heilige Seherin, den Bittstellern die Schicksalssprüche des Gottes bekannt. **d)** Einst suchte ein Freund des Sokrates das Orakel auf. **e)** Von ziemlich großer Begierde nach Wahrheit bewegt, fragte er: „Wer ist der Weiseste von allen Menschen?" **f)** Von der Pythia ist ihm geantwortet worden: „Sokrates!" **g)** Als er diesen Schicksalsspruch erfahren hatte, soll (sagt man / sagen sie, dass) Sokrates zuerst verneint haben (hat), dass er weiser sei als alle Menschen. **h)** Deshalb wollte er irgendeinen finden, der weiser (als er) wäre. **i)** Er traf sich mit Dichtern, die überaus begierig nach Ruhm die süßesten Verse verfasst hatten. **j)** Jene hatten in königlichen Palästen ihre Gedichte vorgetragen, damit die bedeutendsten Männer Zeugen ihrer sehr hohen Begabung wären. **k)** Sokrates traf sich auch mit ziemlich reichen Männern, die wegen ihrer Risikobereitschaft (mit ihrem stärkeren Mut) großen Reichtum erworben hatten. **l)** Nachdem er all diese gefragt hatte, begriff Sokrates in kürzester Zeit, dass das Orakel die Wahrheit gesagt hatte.

Lektion 76

1 pulcher: schön → die Schönheit / beatus: glücklich, reich → das Glück / turpis: unanständig, hässlich, schlecht → die Unanständigkeit, die Hässlichkeit, die Schlechtigkeit / fortis: kräftig, tapfer → die Stärke, die Tapferkeit / clarus: hell, klar, berühmt → die Helligkeit, die Klarheit, die Berühmtheit / magnus: groß, bedeutend → die Größe, die Bedeutung / altus: hoch, tief → die Höhe, die Tiefe / latus: breit, ausgedehnt → die Breite, die Ausdehnung / necessarius: notwendig → die Notwendigkeit / multus: viel → die Menge, die große Anzahl

2 **a)** dulcissimi: Ihre Verse sind nicht nur angenehm / süß, sondern sehr angenehm / süß; die angenehmsten / süßesten. **b)** pulcherrima: Ihre Gestalt ist nicht nur schön, sondern sehr / äußerst schön; die schönste. **c)** difficillima: Ihr Leben ist nicht nur schwer, sondern sehr / äußerst schwer; das schwerste. **d)** clarissima: Ihre Lieder sind nicht nur berühmt, sondern sehr / äußerst berühmt; die berühmtesten. **e)** miserrimum: Ihr Schicksal ist nicht nur erbärmlich, sondern sehr / äußerst erbärmlich / das erbärmlichste.

3 **a)** quam aliae: Diese Mädchen sind schöner als andere. **b)** quam ille: Dieser Mann ist tapferer als jener. **c)** quam tuus: Meine Stimmung (Mein Sinn) ist trauriger als deine. **d)** quam vestrum: Unsere Strafe ist härter (schwerer) als eure.

4 **a)** Hiero grüßt seinen Pindar. **b)** Dein Brief hat mich mit größter Freude erfüllt. **c)** Denn zusammen mit diesem Brief hast du mir ein Gedicht geschickt. **d)** In früheren Jahren habe ich kein schöneres Gedicht gelesen. **e)** Am schönsten aber sind diese Verse, mit denen du meinen Sieg lobst. **f)** Niemals habe ich ein schöneres Geschenk als dieses erhalten. **g)** Denn diese Verse dienen mir zum Trost. **h)** Weil ich nämlich mit sehr schwierigen Aufgaben beschäftigt war, gelang es mir nicht, Griechenland aufzusuchen und am Schauspiel teilzunehmen. **i)** Du aber hast durch deine Verse erreicht, dass ich das gesamte Wagenrennen wie ein anwesender Gast sehen konnte. **j)** Von Anfang an sah ich alles, hörte das Geschrei des Volkes, stand zusammen mit dem Wagenlenker auf dem Wagen und trieb meine sehr schnellen Pferde an. **k)** Längere Zeit fürchtete ich die Niederlage, dann endlich gehörte der Sieg meinen Pferden. **l)** Leb wohl!

Lektion 77

1 optimus: der beste, sehr gut → ein lebensbejahender Mensch / pessimus: der schlechteste, der schlimmste → ein Schwarzseher / minimus: der kleinste, der geringste → einer, der nur das Nötigste tut / maior: größer → die größere Zahl an Stimmen, die Stimmenmehrheit, die Überzahl / maximus: der größte, sehr groß → der größte Wert, der Höchstwert / minor: kleiner, geringer → die Minderheit, die Minderzahl

2 Dieser berühmte Dichter verfasste ... **a)** dunkle (geheimnisvolle) **b)** sehr schlechte, die schlechtesten **c)** sehr kleine (kurze) **d)** ziemlich gute **e)** sehr gute, die besten **f)** wunderschöne **g)** sehr schwierige, höchst komplizierte **h)** höchsten Ruhmes würdige ... Gedichte.

3 **a)** meliori; optimo **b)** clariore; clarissimo **c)** minoris; minimi **d)** miseriores; miserrimi **e)** maior; maxima **f)** peiora; pessima

4 **a)** In alten Zeiten gab es viele sehr große Baudenkmäler. **b)** Kein Denkmal aber war größer als die größte der sechs Pyramiden, die außerhalb der Stadt Alexandria gelegen waren. **c)** Es gab drei kleine, zwei größere, eine aber war mehr als 70 Fuß lang und um ein weniges als 50 Fuß hoch. **d)** Innen gab es mehrere Kammern, von denen die einen größer, die anderen kleiner und wieder andere sehr klein waren. **e)** In diesen Kammern wurden die toten Pharaonen (Könige) der Ägypter bestattet (verwahrt). **f)** Die obersten (höchsten) Steine aber der größten Pyramide waren golden. **g)** Dies alles ist freilich von den ärmsten Sklaven vollendet worden, aber von einem besseren, ja im Gegenteil vom besten Künstler ausgedacht worden. **h)** Denn jener Künstler schuf ein Bauwerk, welches mit keinem anderen Bauwerk verglichen werden kann. **i)** Es kann nämlich weder von den schlimmsten Verbrechern noch von Stürmen, die schlimmer sind als Verbrecher, zerstört werden. **j)** Deshalb waren die Pyramiden ewigwährender als die Tempel der Götter, sind es und werden es sein.

Selbsttest zu den Lektionen 74–77

1 **a)** Akk. Pl. *m* **b)** Gen. Sg. *f* **c)** Dat. Sgf. *f* **d)** Abl. Sg. *n* (je 1 BE; für jeden Teilfehler 1/3 BE Abzug)

2 **A2** divitiore: Abl. Sg. *m / f / n* → divitissimo *m / n* – **B1** pauperiores: Nom. / Akk. Pl. *m / f* → pauperrimi *m* – **C6** felicioris: Gen. Sg. *m / f / n* → felicissimae *f* – **D5** tristius: Nom. / Akk. Sg *n* → tristissimum – **E3** facilioribus: Dat. / Abl. Pl. *m / f / n* → facillimis – **F4** miseriorum: Gen. Pl. *m / f / n* → miserrimorum *m / n* (je 1/2 BE für Bestimmung; je 1/2 BE für Zuordnung)

3 **Subst. der 3. Dekl.:** clamoris: Gen. Sg.– mercatore: Abl. Sg. / **Subst. der o-Dekl.:** librorum: Gen. Pl. – auxiliorum: Gen. Pl. / **Verben:** capior: 1. Sg. Ind. Präs. Pass. – moveor: 1. Sg. Ind. Präs. Pass. / **Komparative:** clarioris: Gen. Sg. *m / f /n* – melior: Nom. Sg. *m / f* (je ½ BE)

4 Fehler: „von einem anderen", „weise", „den Weisesten". Richtig: Sokrates wurde der Weiseste genannt und suchte auf dem Forum einen anderen Weiseren. (je gefundener Fehler 1 BE; je richtige Verbesserung 1 BE)

Lektion 78

1 **a)** ferebam **b)** portabunt **c)** tulisses **d)** portatus est **e)** fert **f)** portares **g)** fer **h)** ferretis **i)** portes **j)** tulerunt **k)** portant **l)** ferimus **m)** portabimur **n)** ferebantur

2 **a)** Lucius und Marcus vergleichen Mädchen und finden Folgendes (heraus): **b)** Lucius: „Cornelia beachtet dich und mich nicht, weil sie von vielen Jungen geliebt (amata) wurde (wird)." **c)** Marcus: „Über Claudia wurde mir dies berichtet (relatum): Über Geschenke, die in ihr Haus gebracht wurden (collatis), freut sie sich nicht immer." **d)** Lucius: „Welches Geschenk wurde von dir schon hingebracht (delatum)?" **e)** Marcus: „Die Bücher, die von mir mitgebracht (allatos) worden waren, hat sie zurückgewiesen." **f)** Lucius: „Sicherlich hat sie das getan, weil sie meine Schmuckstücke vorzieht." **g)** Marcus: „Jene Schmerzen, die mir von Claudia zugefügt (illati) wurden, werden von mir gut ertragen. **h)** Aber Anna unterscheidet sich von Claudia und Cornelia: Neulich bat sie mich, als ich Bücher in meinen Händen trug (ferentem), dass ich (ihr) über meine (von meinen) Bücher(n) erzähle."

3 **a)** Iokaste (sagt): „Teuerster Mann, du hast dich zum Orakel begeben. Erzähle die Antwort, die das Orakel dir gegeben hat." **b)** Laios (antwortet): „Ich bringe einen sehr niederschlagenden (rauen) Orakelspruch zu dir." **c)** Iokaste (erwidert): „Auch wenn du mir überaus traurige Dinge meldest, will ich die Worte des Orakels hören." **d)** Laios (entgegnet): „Die Seherin hat dies gesagt: Wenn deine Ehefrau einen Sohn zur Welt bringt, wird jener dich töten." **e)** Iokaste (sagt): „Das Orakel, das du mir vermeldet hast, versetzt mich in größten Schrecken. Denn ich bin schwanger." **f)** Iokaste sagt: „Was tun wir jetzt? Ich kann viel ertragen. Ich werde aber nicht ertragen, dass du von unserem Sohn getötet wirst. Deshalb müssen wir den Jungen töten." **g)** Laius (widerspricht): „Das verbieten die göttlichen Gesetze. Deshalb wird es besser sein, diesen wegzubringen. **h)** Ich werde befehlen, dass die Sklaven den Jungen aus der Stadt in die Berge bringen. Diese Aufgabe darf nicht verschoben werden." **i)** Iokaste (entgegnet): „Dein Plan ist zwar hart (rau), aber lobenswert (eines Lobes würdig). Nicht nämlich aus Hochmut, sondern aus einer Notlage heraus (durch eine Notlage veranlasst) hast du diesen Plan gefasst."

Lektion 79

1 **b)** exerceat / **c)** confirment / **e)** inferam / **f)** fugiat / **h)** sustineatis / **i)** rapiantur / **k)** cogamur / **m)** peccent / **n)** offerantur

2 **a)** ferantur **b)** imposueram **c)** desperaremus **d)** eat **e)** ieram **f)** rapiantur **g)** sum **h)** monemur **i)** possitis **j)** velint **k)** do **l)** muniat

3 **a)** „Ich bin der König. Ich gebe den Bürgern gerechte Gesetze. **b)** Ich erlege diese Gesetze den Bürgern auf, um Verderben vom Staat abzuwehren (damit ich ... abwehre). **c)** Ich verhindere durch harte Strafen, dass die Bürger Fehltritte begehen. **d)** Die Bürger sollen (müssen) durch schroffe (strenge) Strafen ermahnt werden. Sie müssen sich (Es gehört sich, dass die Bürger sich) davor hüten, dass sie irgendeinem Unrecht antun! **e)** Also gebe ich die Gesetze nicht um des Ruhmes Willen, sondern weil sie für das Gemeinwohl von Nutzen sind. **f)** Meiner Meinung nach sind Gesetze die besten Schutzmittel für Frieden. **g)** Also ist es notwendig, dass der, der dies leugnet, ein frevelhafter Mensch ist. **h)** Die Götter nämlich fordern, dass der Friede bewahrt wird. **i)** Wer nämlich wird nicht danach streben (sich nicht anstrengen), dem Willen der Götter zu gehorchen?"

Lektion 80

1 **a) portare:** bringen, tragen → tragbar **b) incredibilis:** unglaublich → unglaublich **c) terrere:** erschrecken → schrecklich **d) posse:** können, **in-** bewirkt die Verneinung → unmöglich **e) accipere:** erhalten, erfahren, annehmen → annehmbar, akzeptabel **f) vincere:** (be)siegen, übertreffen, **in-** bewirkt die Verneinung → unbesiegbar

2 **a)** laudes **b)** audiatis **c)** committamus **d)** nolle**m**, **-s**, **-t** **e)** pudeat **f)** attingas **g)** iunxisse**m**, **-s**, **-t** **h)** iungas **i)** constent **j)** recipere**m**, **-s**, **-t** **k)** eant **l)** regat **m)** imponantur

3 **a)** Die Liebe soll uns immer verbinden! **b)** Der Vater soll dir diese unglaubliche Strafe nicht auferlegen! **c)** Lass uns bald die Hochzeit festsetzen! **d)** Lass uns leben und lieben!

4 **a)** Die Tür soll sich öffnen! **b)** Die Tore sollen sich schließen! **c)** Der Hund soll sich in ein Pferd verwandeln! **d)** Der Tisch soll sich decken (schmücken)!

5 **a)** „Du sollst dich für deine Raserei schämen (Deine Raserei soll dich beschämen)! **b)** Antigone hat kein Verbrechen begangen. **c)** Der jungen Frau soll also verziehen werden! **d)** Hörst du nicht das Gerede (die Gespräche) der Bürger? **e)** Deine Bestrafung tadeln sowohl die jungen als auch die alten Männer. **f)** Sie sagen, dass eine solche Strafe nichts mit dem Recht zu tun hat (das Recht nicht berührt). **g)** Lass(t) uns also Antigone aus dem Gefängnis herausführen! Sie soll nicht allein eingesperrt sein! **h)** Jene hat deinem Befehl mit unglaublicher Tapferkeit widerstanden, weil sie nicht wollte, dass der Leichnam des Bruders wilden Hunden vorgeworfen wird (wurde). **i)** Es ist deines Ansehens unwürdig, dass ein so gerechter Grund vernachlässigt wird. **j)** Im Gegenteil lass(t) uns darüber freuen, dass das fromme Mädchen unseren Sohn heiratet! **k)** Lass(t) uns Antigone mit ihm verbinden, lass(t) uns den Liebenden eine sehr große Mitgift geben!"

Selbsttest zu den Lektionen 78–80

1 **a)** arma **b)** arbori **c)** vineas (je 2 BE)

2 **a)** maneat **b)** eant **c)** feramur **d)** possim **e)** velit **f)** pecces (je 1 BE)

3 **a)** Hortativ (1 BE): Lasst uns weggehen! (1 BE) **b)** Jussiv (1 BE): Er/sie soll da sein (helfen)! (1 BE)

4 Je Fehler 1 BE Abzug (z. B. bei 3 Fehlern → 14 BE − 3 BE = 11 BE) **a)** Der junge Mann Haimon begab sich zu Antigone. **b)** Nachdem er seine Liebe gerühmt (mit Worten hervorgehoben) hatte, fügte er hinzu: **c)** „Vorher habe ich gesagt: Lass uns leben, meine Antigone, und lass uns lieben! **d)** Nun aber ist es nötig zu sagen (, dass ich sage): „Lass uns sterben! **e)** Kreon soll sich über zwei Tote freuen, wenn er dir nicht zu Lebzeiten (als Lebender) verzeihen will."

Lektion 81

1 accusaverit → accusatus, a, um sit | constituerint → constituti, ae, a sint | averteris → aversus, a, um sis | adducti sint → adduxerint | aspexerimus → aspecti, ae, a simus | conspectus sim → conspexerim

2 **capit**, capiat, capiebat, caperet, capiet, cepit, ceperit, ceperat, cepisset, ceperit | **terremus**, terreamus, terrebamus, terreremus, terrebimus, terruimus, terruerimus, terrueramus, terruissemus, terruerimus | **reprehenderis**, reprehendaris, reprehendebaris, reprehendereris, reprehenderis, reprehensus, a, um es, reprehensus, a, um sis, reprehensus, a, um eras, reprehensus, a, um esses, reprehensus, a, um eris

3 **a)** „Ich werde von großer Furcht erschreckt, weil Tiberius das Volk aufgewiegelt hat. **b)** Jener verheimlicht seine frevelhaften Pläne nicht mehr. **c)** Da alle Dinge in Verwirrung (gebracht worden) sind, geht er nun öffentlich gegen den Senat vor. **d)** Auf Veranlassung des Tiberius wird die Würde der Senatoren verletzt. **e)** Es gibt kein Unrecht, kein Verbrechen, welches dieses Ungeheuer nicht begeht. **f)** Obwohl ich ihm vorher gewogen war, veranlassen mich jetzt seine verderbenbringenden Pläne, dass ich gegen den von Wahnsinn bewegten jungen Mann Widerstand leiste. **g)** Da Tiberius nicht freiwillig aufgehört hat, alles in Verwirrung zu bringen, ist es nötig, dass er getötet wird. **h)** Wenn er getötet worden ist (Nachdem ihm ein gewaltsamer Tod zugefügt worden sein wird), werden wir sicher sein. **i)** Deshalb fordere ich Folgendes: Tiberius in den Tiber!"

Lektion 82

1 **a)** Der Heerführer hindert einen frommen Soldaten daran (hält ihn zurück, hält ihn ab), die toten Germanen mit Erde zu bedecken (dass er ... bedeckt) **b)** Der Heerführer sagt: „Bedecke die toten Feinde nicht mit Erde !" **c)** Der fromme Soldat aber hütet sich davor (widersetzt sich, vermeidet es), gegen die Gesetze der Götter zu handeln (dass er ... handelt). **d)** Der fromme Soldat sagt: „Nicht einmal die Germanen missachten die Verehrung der Götter. Sei nicht gottlos!"

2 **a)** „Ne paraveris, Barbara, cibos dulciores! „Kauf keine allzu süßen Speisen, Barbara! **b)** Ne constiteris, Anna, apud amicam tuam! Leg keinen Halt bei deiner Freundin ein, Anna! **c)** Ne abieritis, filiae, de via! Verlasst den Weg nicht, Töchter! **d)** Ne sermonem habueritis, filiae, cum ignotis hominibus!" Unterhaltet euch nicht (Habt keine Gespräche) mit Unbekannten, Töchter!"

3 **a)** „Hab keine Angst, teuerste Ehefrau! Fürchtet euch nicht, liebste Kinder! **b)** Verzweifelt nicht! Unter der Führung des Marius wird es nicht geschehen, dass ich sterbe. **c)** Jener Mann nämlich besitzt eine herausragende Tüchtigkeit. **d)** Weil er das Kriegswesen kennt, wird er ohne Verzögerung den Krieg mit den Germanen beenden. **e)** Diese haben zuerst die äußersten Gebiete Germaniens verlassen. **f)** Dann haben sie sich den Gegenden, die unserer Provinz benachbart sind, genähert. **g)** Schließlich haben sie uns herausgefordert, als sie die Provinz selbst heimsuchten (quälten). **h)** Marius aber wird verhindern, dass die Germanen den Kriegswahnsinn nach Italien tragen. **i)** Diese Barbaren jedoch werden ihr Heil in der Flucht suchen. **j)** Um ihr Leben zu retten, werden sie bis zum Ozean fliehen. **k)** Die Legionen des Marius aber werden zurückkehren, um einen Triumphzug zu feiern. **l)** Lass also die Sorgen bleiben, teuerste Ehefrau! Fürchtet euch nicht, liebste Kinder! **m)** Führt nicht ein überaus trauriges Leben voll von Trauer und Tränen! **n)** Denn nach dem Sieg (Nachdem der Sieg errungen worden ist) werde ich zu euch zurückkehren."

Lektion 83

1 **a)** die Leichtigkeit, der Leichtsinn (→ levis, e leicht) **b)** erleichtern, lindern (→ levis, e leicht) **c)** wünschenswert (→ optare wünschen) **d)** fehler-, mangel-, lasterhaft (→ vitium der Fehler, die schlechte Eigenschaft) **e)** unverdorben, unversehrt, unbestechlich (→ corrumpere bestechen, verderben)

2 **a2 Haemon:** (erfüllbarer Wunsch der Gegenwart) Hoffentlich tötet mein Vater das Mädchen Antigone nicht! | **b1 Antigona:** (erfüllbarer Wunsch der Gegenwart) Hoffentlich ist es mir gestattet, meinen Bruder in der Erde zu bestatten (verwahren)! | **c4 Oedipus:** (unerfüllbarer Wunsch der Vergangenheit) Hätte ich meine Mutter doch nicht zu meiner Frau gemacht! **d3 Croesus:** (unerfüllbarer Wunsch der Vergangenheit) Hätte Solon mich doch den Glücklichsten aller Menschen genannt!

3 **a)** „Hoffentlich ist auch Verres den Richtern verhasst! **b)** Wenn er doch nicht irgendwelche Richter bestochen hätte! **c)** Hoffentlich schätzen die Richter die Sitte der Vorfahren mehr als dieser da! **d)** Hoffentlich sind jene nicht von denselben Vergnügungen erfasst, von denen dieser da erfasst worden ist! **e)** Bald bezweifle ich dies, bald hoffe ich, dass dies passieren kann, was ich wünsche. **f)** Wenn doch die Sizilier lieber von einem anderen erbeten hätten, dass er sie verteidigte. **g)** Wenn doch die Fehler des Verres nicht so schlimm (groß) wären! **h)** Wie leicht wäre es, den Bitten der Sizilier nicht nachzukommen, wenn die Verbrechen des Verres leichter wögen (wären)! **i)** Wenn doch diese Bestie da nicht so frevelhafte Verbrechen begangen hätte! **j)** Wenn sich dieser da doch daran erinnert hätte, dass es sich gehörte, alles nach der Sitte der Römer zu tun! **k)** Jedoch ist offenkundig, dass dieser da die gesamte Provinz heimgesucht (gequält) hat. **l)** Indem ich den Bitten der Sizilier nachkomme, werde ich daher dieses Ungeheuer anklagen."

Selbsttest zu den Lektionen 81–83

1 dilecta sim – dilexerim – dilexerint – dilectus sit (je ½ BE)

2 **a)** Bestich den Richter nicht! (1 BE) → Noli iudicem corrumpere! (1 BE) **b)** Fordert (Reizt) mich nicht heraus! (1 BE) → Nolite me lacessere! (1 BE)

3 **a)** Hoffentlich ist Atticus glücklich! (2 BE) **b)** Wenn er doch (die Stadt) Rom nicht verlassen hätte! (2 BE) **c)** Wenn er doch auch heute noch hier leben und wohnen würde! (2 BE) **d)** Hoffentlich hat Atticus nichts Falsches über mich gehört! (2 BE)

4 je Fehler 1 BE Abzug (z. B. bei 5 Fehlern → 16 BE – 5 BE = 11 BE) Cicero (sagt): „Sei nicht traurig, Terentia! Habe keine Angst um Markus!" Terentia (entgegnet): „Hoffentlich kommt mein Markus bald zu uns zurück! Hoffentlich hat er deinen Worten gut zugehört (hat er deine Worte gut gehört)! Hoffentlich behält er alles in Erinnerung, was du ihm gesagt hast! Oh, wenn ihn doch unser Freund Atticus nicht nach Athen gerufen hätte! Oh, wenn doch Markus immer noch bei mir wäre! Oh, wenn jener doch niemals die Heimat verlassen hätte!" Cicero (sagt): „Verzweifle nicht, liebste Ehefrau! Jener wird bald zurückkehren."

Lektion 84

1 **a)** Soldaten zusammenziehen **b)** sich Zorn zuziehen **c)** bestrafen (mit einer Strafe versehen) **d)** hinrichten (mit der Todesstrafe versehen) **e)** ein Zeitraum von zwanzig Tagen **f)** der Abstand zwischen den Heeren **g)** das fehlt noch **h)** die Feinde leisten Widerstand **i)** in Erinnerung an eine Wohltat

2 **a)** defensurus: Cäsar will sein Ansehen verteidigen (schützen). **b)** laturus: Cäsar will das ihm zugefügte Unrecht nicht ertragen. **c)** capturus: Cäsar will die Waffen nicht ergreifen. **d)** gesturus: Cäsar will nicht Krieg gegen Mitbürger führen. **e)** missurus: Cäsar will eine Gesandtschaft nach Rom schicken. **f)** exspectaturus: Cäsar will den Beschluss des Senats abwarten (erwarten).

3 **a)** Cäsar wollte die Insel Rhodos aufsuchen. **b)** Auf dem Meer aber wurde sein Schiff von Piraten gekapert. **c)** Obwohl Cäsar mit großer Kraft Widerstand leistete, ist er mit den Gefährten gefangen genommen worden. **d)** Als die Piraten ein Lösegeld von 20 Talenten von Cäsar forderten, sagte jener: **e)** „Wisst ihr etwa nicht, dass ich ein sehr adliger Mann bin? **f)** Wie kommt es (ereignet es sich) also, dass ihr ein so geringes Lösegeld fordert? **g)** Ich werde eine Gesandtschaft nach Rom schicken. **h)** Meine Gefährten sollen die Stadt aufsuchen, um 50 Talente einzusammeln!" **i)** Als die Piraten, von Geldgier bewegt, dies erlaubt hatten, blieb Cäsar in der Gewalt dieser Verbrecher. **j)** Dort wartete er guter Laune (froh) einen Zeitraum von ungefähr 40 Tagen, wobei er seinen Körper trainierte. **k)** Nachdem endlich das Lösegeld von den Gefährten bezahlt worden war, ließen die Piraten Cäsar sofort frei. **l)** Weil sich jener aber an das Unrecht erinnerte, sammelte er sofort Truppen, um die Piraten zu ergreifen. **m)** Denn er wollte diese hinrichten lassen. **n)** Wenig später sind alle Piraten, wie Cäsar es gewünscht hatte, hingerichtet (mit der Todesstrafe versehen) worden.

Lektion 85

1 docere /doceri /docuisse / doctum esse / docturum esse
diligere / diligi / dilexisse / dilectum esse / dilecturum esse
legere / legi / legisse / lectum esse / lecturum esse
capere / capi / cepisse / captum esse / capturum esse
audire / audiri / audivisse / auditum esse / auditurum esse

2 **a)** Die Bürger: „Wir hoffen, dass der Konsul uns retten wird." **b)** Atticus: „Ich hoffe, dass Cicero mir (an mich) viele Briefe schreiben wird." **c)** Die alten Männer: „Wir hoffen, dass die jungen Männer unser Ansehen berücksichtigen werden." **d)** Atticus: „Ich hoffe, dass ich ein Leben voller Muße leben werde." **e)** Cicero: „Ich hoffe, dass ich ein berühmter Mann sein werde."

3 Atticus grüßt seinen Cicero. **a)** Ich hoffe, teuerster Freund, dass du wiederum politisch tätig werden wirst. **b)** Denn ich glaube, dass nur du unseren Staat retten wirst. **c)** Es steht nämlich zur Genüge fest, dass der Staat schon vorher von dir gerettet worden ist. **d)** Du hast den Staat vor der Verschwörung verdorbener Bürger bewahrt, als Catilina alles zerstören wollte. **e)** Nachdem diese Verschwörung abgewehrt (zurückgeschlagen) war, wurden von allen Menschen fröhliche (frohe) Gastmähler vorbereitet. **f)** Damals nämlich war es allen erlaubt, in höchster Ruhe zu leben. **g)** Wenig später aber bist du aus der Stadt verbannt (vertrieben) worden. **h)** So oft ich darüber nachdenke, dass dir dieses Unrecht widerfahren ist, bin ich besonders traurig. **i)** Seit dieser Zeit sind viele Jahre vergangen. **j)** Die Gefahren aber, die dem Staat bevorstehen, sind dieselben, und es gibt denselben Grund für Gefahren: Gaius Julius Cäsar. **k)** Dieser hofft, dass er mit Kleopatra die Römer beherrschen wird. **l)** Mich aber hält die Hoffnung, dass du verhindern wirst, dass dies passiert (geschieht). **m)** Im Übrigen meine ich, dass der Staat von dir bewahrt werden muss. Leb wohl!

Selbsttest zu den Lektionen 84–85

1 **a)** vocaturum esse **b)** conservaturos esse **c)** accessurum esse **d)** affecturas esse (je 1 BE)

2 **a)** Caesar Cleopatram cogniturus trans mare venit. (1 BE) Cäsar kam über das Meer, um Kleopatra kennenzulernen. (2 BE) **b)** Cleopatra Romam visura in Italiam venit. (1 BE) Kleopatra kam nach Italien, um Rom zu sehen (besuchen). (2 BE) **c)** Caesar bellum cum Parthis gesturus copias convocavit. (1 BE) Cäsar rief seine Truppen zusammen, um Krieg mit den Parthern zu führen. (2 BE)

3 je Fehler 1 BE Abzug (z. B. bei 5 Fehlern → 17 BE – 5 BE = 12 BE) Seine Ehefrau wollte Cäsar zurückhalten. Sie hoffte, dass er ihren Worten glauben werde. Cäsar aber antwortete, dass er das Haus verlassen werde. Wenig später verließ er das Haus, um die Kurie aufzusuchen. Die Gegner Cäsars aber waren schon in der Kurie zusammengekommen, um Cäsar zu töten. Denn sie wollten den Staat vor dem Tyrannen bewahren.

Lektion 86

1 **a)** sapienter **b)** superbe **c)** turpiter **d)** celeriter **e)** bene **f)** longe **g)** feliciter **h)** mire **i)** nefarie

2 **Substantive:** arce (arx) – iter (iter) – ponte (pons) | **Adjektive:** paupere (pauper) – divite (dives) – acre (acer) | **Präpositionen:** per – sine – propter | **Verben:** impedirer (impedire) – pare (parere) – tace (tacere) | **Adverbien:** satis – aperte – frequenter – denique – bene – subito – vehementer – fortiter

3 **a)** „Ich kritisiere die Aussagen des Cicero heftig. **b)** Warum lobt dieser den Octavian häufig? **c)** Kennt er denn (etwa) nicht den Unterschied zwischen guten und schlechten Anführern? **d)** Warum also klagt er diesen nicht lieber heftig an? **e)** Octavius rast, indem er alle Dinge auf schändliche Weise verwirrt. **f)** Deshalb ist jetzt das Staatswesen in höchster Gefahr. **g)** Jedoch ist es diesem jungen Mann da erlaubt, unsägliche Dinge ungestraft zu tun. **h)** Im Gegenteil überschüttet (vergrößert) auf Veranlassung Ciceros der Senat diesen immer wieder mit neuen Ehrenämtern. **i)** Diese Sache zeigt offenkundig, dass der Senat sich nicht mehr weise um den Staat sorgt. **j)** Jedoch wir als Anhänger (Freunde) des Marcus Antonius werden es nicht länger zulassen, dass jener mit den schlimmsten Worten beleidigt wird. **k)** Das, was Cicero behauptet, ist falsch: **l)** Es ist nicht schwierig, zu erkennen, dass Antonius einerseits Bescheidenheit kennt, andererseits Gasthäuser und nächtliche Gastmähler nicht liebt (weder frei von Bescheidenheit ist noch Gasthäuser und nächtliche Gelage liebt). **m)** Im Gegenteil sorgt jener auch nachts umsichtig für das Volk."

Lektion 87

1 **a)** inde: von dort, darauf, deshalb – illic: dort – istic: da, dort – huc: hierher – illuc: dahin, dorthin **b)** praeterea: außerdem – postea: nachher, später – antea: vorher, früher **c)** videre: sehen – visere: besichtigen, besuchen – vivere: leben – vincere: (be-) siegen, übertreffen **d)** posse: können – possidere: besitzen – postulare: fordern **e)** aut ... aut: entweder ... oder – et ... et: sowohl ... als auch – neque ... neque: weder ... noch – modo ... modo: manchmal ... manchmal – tam ... quam: so ... wie **f)** premere: (unter)drücken, bedrängen – prehendere: ergreifen, nehmen – comprehendere: begreifen, ergreifen, festnehmen – reprehendere: schimpfen, kritisieren **g)** occidere: zu Boden fallen, umkommen, untergehen – occīdere: niederschlagen, töten – occupare: besetzen, einnehmen – occurrere: begegnen, entgegentreten

2 **a)** ziemlich gut / sehr gut **b)** ziemlich schlecht / sehr schlecht **c)** ziemlich viel / sehr viel **d)** ziemlich tapfer / sehr tapfer **e)** ziemlich leicht / sehr leicht

3 **a)** Titus redet besser als Cicero. **b)** Er kämpft erfolgreicher (glücklicher) als Cäsar. **c)** Er lebt ehrenhafter als Augustus. **d)** Er antwortet weiser als ein Orakel. **e)** Er liebt die griechische Bildung (Lebensweise) mehr als Atticus.

4 **a)** „Ich ging über den Marktplatz, als mir ein unbekannter Mann begegnete: **b)** Er fragte: „Was treibst du, Bester? Kennst du mich etwa nicht? Ich bin ein berühmter Dichter." **c)** Ich antwortete: „Das ist gut, aber ich habe keine Zeit. Denn ich will (irgend)einen Freund möglichst schnell besuchen." **d)** Während ich schneller zu laufen beginne, sagte jener: **e)** „Ich jedoch habe sehr viele Fertigkeiten. **f)** Ich kann überaus schnell Gedichte verfertigen. **g)** Außerdem kann ich sehr hübsch singen und am besten tanzen. Sieh da! **h)** Wer kann die Körperglieder schöner bewegen als ich? **i)** Dann fügte jener hinzu, indem (wobei) er meine Hand heftiger ergriff: „Lebst du etwa nicht mit Mäzenas in ziemlich freundschaftlichem Umgang?" **j)** Ich antwortete: „So ist es." Sofort entgegnete dieser: „Führe mich dorthin!" **k)** Ich antwortete: „Es ist schwieriger, jenen aufzusuchen, als du glaubst." **l)** Dieser sagte: „Ich werde mir sehr leicht Zugang verschaffen." **m)** Ich jedoch antwortete: „Du irrst, dümmster Mann! Dort gilt nicht derjenige viel, der viel besitzt. **n)** Auch nicht gelten diejenigen mehr, die sich für klüger halten. **o)** Am meisten gilt bei Mäzenas derjenige, der sowohl Rechtschaffenheit (Pflichtbewusstsein) als auch Tugend besitzt. Leb wohl!"

Lektion 88

1 paulo: (um) ein wenig / ergo: also, deshalb / raro: selten / immo: im Gegenteil, ja sogar / nemo: niemand / octo: acht / postremo: schließlich / primo: zuerst / profecto: sicherlich, tatsächlich / subito: plötzlich / quando: wann / duo: zwei

2 **a)** nec: und nicht, auch nicht / nex: der Mord, der (gewaltsame) Tod / nox: die Nacht / vox: die Stimme, die Äußerung, der Laut / vix: kaum, (nur) mit Mühe / vir: der Mann / ver: der Frühling / per: (hin)durch / pes: der Fuß / res: die Angelegenheit, das Ding, die Sache **b)** pecus: das Vieh / pectus: die Brust, das Herz **c)** capere: fassen, nehmen, erobern / carpere: pflücken, genießen, nutzen **d)** otium: die freie Zeit, die Ruhe, der Frieden / odium: der Hass

3 **a)** persuadendi: Gerundium im Gen. – persuasi: 1. Pers. Sg. Ind. Perf. Akt. bzw. PPP (Gen. Sg. *m+n* / Nom. Pl. *m*) – persuaderi: Inf. Präs. Pass. – persuadenti: PPA (Dat. Sg.) **b)** addidi: 1. Pers. Sg. Ind. Perf. Akt. – addendi: Gerundium im Gen. – addenti: PPA (Dat. Sg.) – additi: PPP (Gen. Sg. *m+n* / Nom. Pl. *m*) – addi: Inf. Präs. Pass. **c)** fundi: Inf. Präs. Pass. – fundendi: Gerundium im Gen. – fudi: 1. Pers. Sg. Ind. Perf. Akt. – fundenti: PPA (Dat. Sg.) **d)** superanti: PPA (Dat. Sg.) – superati: PPP (Gen. Sg. *m+n* / Nom. Pl. *m*) – superari: Inf. Präs. Pass. – superandi: Gerundium im Gen. – superavi: 1. Pers. Sg. Ind. Perf. Akt. **e)** vocati: PPP (Gen. Sg. *m+n* / Nom. Pl. *m*) – vocandi: Gerundium im Gen. – vocavi: 1. Pers. Sg. Ind. Perf. Akt. – vocari: Inf. Präs. Pass. – vocanti: PPA (Dat. Sg.)

4 **a)** die Redekunst **b)** die Liebeskunst **c)** die Sangeskunst **d)** der Lerneifer **e)** die Lebensweise **f)** der Siegeswille **g)** die Reiselust **h)** lernbegierig i) kampfbereit

5 **a)** Wer lernbegierig ist, wird ein guter Schüler sein. **b)** Viele Schüler trainieren sich, indem sie gern schreiben und lesen. **c)** Wir sind in der Schule, um zu lernen (wegen des Lernens). **d)** Der wird am meisten zum Lehren geeignet sein, der das Meiste gelernt hat. **e)** Der Verstand ist dem Menschen zum Denken gegeben.

6 **a)** Durch Nichtstun lernen die Menschen, schlecht zu handeln. → Menschen, die nicht ausgelastet sind, weil sie nichts zu tun haben, geraten aus Langeweile oft auf dumme Gedanken bzw. die schiefe Bahn. **b)** Ein Gerücht wächst dadurch, dass es sich verbreitet (geht). → Von je mehr Leuten ein Gerücht weitererzählt wird, desto mehr wird es aufgebauscht, weil der Mensch zur Übertreibung neigt.

7 **a)** „Seid ihr geeignet zu üben – geeignet, immer zu üben – geeignet, immer sorgfältig zu üben? **b)** Seid ihr bereit zu lernen – bereit, oft zu lernen – bereit, oft sehr gut zu lernen? **c)** Habt ihr den Plan gefasst zu arbeiten – den Plan, immer wieder zu arbeiten – den Plan, immer wieder gut zu arbeiten? **d)** Seid ihr begierig zu lesen – begierig, Bücher zu lesen – begierig, Bücher oft zu lesen? **e)** Habt ihr das Talent zu denken – das Talent, über schwierige Dinge nachzudenken – das Talent, über schwierige Dinge lange nachzudenken? **f)** Also erfreut mich mit Lerneifer – mit dem Eifer, vieles zu lernen – mit dem Eifer, vieles sehr gut zu lernen!"

8 **a)** Horaz grüßt seinen Tibull. **b)** Eine wie angenehme Lebensweise habe ich hier! **c)** Immer wenn ich mich hierher zurückgezogen habe, vermisse ich die Großstadt selten. Hier will ich bleiben. **d)** Denn hier übe ich leicht die Kunst des Lebens. **e)** In der Stadt bin ich mit tausenden Aufgaben beschäftigt. **f)** Hier aber werde ich weder durch die Menschenmenge noch durch das Geschrei der Menschen in Verwirrung gestürzt. **g)** Weder beunruhigen mich Missgunst (Neid) noch Schmeichelei. **h)** Um auszuruhen, sitze ich oft unter irgendeinem Baum, wobei ich die fröhlichen Schafe betrachte. **i)** Hier erfreue ich mich an langem Schweigen und ziemlich sorgfältigem Nachdenken. **j)** Hier habe ich die willkommene Zeit zum Lesen und Schreiben. **k)** In dieser Muße (Ruhe) habe ich das größte Vergnügen daran, entweder Verse zu schreiben oder Bücher zu lesen. **l)** Hier pflücke ich den Tag – indem ich einem Ausspruch des Epikur, jenes göttlichen griechischen Philosophen, gehorche. **m)** Hier kann ich die Zeit, ein glückliches Leben zu führen (leben), nicht verschieben. Leb wohl!

Selbsttest zu den Lektionen 86–88

1 **a)** beate **b)** ferociter **c)** celeriter **d)** acriter **e)** fortiter **f)** bene (je 1 BE)

2 Zu streichen sind: **a)** celerem **b)** beate **c)** sapiens **d)** bene (je 1 BE)

3 **a)** beatius – beatissime **b)** celerius – celerrime **c)** plus – plurimum (je richtige Form 1 BE)

4 (je richtig ausgewählter Form 1 BE; je richtige Übersetzung 1 BE) **a)** vivendum: Die Tugend ist notwendig, um glücklich zu leben (zum glücklich leben; für das glückliche Leben). **b)** docendi: Der Philosoph suchte oft das Forum auf, um zu unterrichten (wegen des Unterrichtens). **c)** amando: Dadurch, dass du liebst, (Durch Lieben; durch die Liebe) wirst du Freunde gewinnen (dir Freunde bereiten). **d)** dicendi: Die Römer lernten die Redekunst (Kunst zu reden) von den Griechen.

5 **a)** Zeit, Neues (neue Dinge) zu (er)finden (2 BE) **b)** die Kunst, schwierige Bücher sorgfältig zu lesen (2 BE) **c)** begierig, Verse gut zu schreiben und vorzutragen (2 BE)

Lektion 89

1 **a)** perniciosus (pernicies) → verderblich **b)** ventosus (ventus) → windig **c)** invidiosus (invidia) → neidisch **d)** dolorosus (dolor) → schmerzlich, schmerzensreich **e)** dolosus (dolus) → listenreich, listig **f)** aquosus (aqua) → wasserreich, wässrig **g)** pretiosus (pretium) → wertvoll

2 **A6** vereri – timere: Angst haben, fürchten / **B4** timor – metus: die Angst, die Furcht / **C7** aedes – domus: das Haus / **D2** putare – reri: glauben, meinen / **E3** homo – mortalis: der Mensch / **F5** tueri – conservare: bewahren / **G1** nam – enim: denn, nämlich

3 **Komparativ:** b) h) i) j) m) / **Substantiv:** a) d) g) k) / **Deponens:** e) f) l) n) p) / **Passiv:** c) o)

4 **a)** arbitrabantur: sie glaubten (meinten) **b)** verebor: ich werde fürchten (mich scheuen, verehren) **c)** suspicati estis: ihr habt vermutet **d)** precaremini: ihr würdet bitten **e)** tuere: betrachte! (schütze!) **f)** ratus erat: er hatte gemeint **g)** morati essent: sie hätten sich aufgehalten

5 **a)** promittit: 3. Pers. Sg. Ind. Präs. Akt. → pollicetur **b)** promisi: 1. Pers. Sg. Ind. Perf. Akt. → pollicitus, a sum **c)** promitterem: 1. Pers. Sg. Konj. Impf. Akt. → pollicerer **d)** promittebamus: 1. Pers. Pl. Ind. Impf. Akt. → pollicebamur **e)** promisisse: Inf. Perf. Akt. → pollicitum esse **f)** promittatis: 2. Pers. Pl. Konj. Präs. Akt. → polliceamini

6 **a)** polliciti sunt → Julia: „Die Götter haben mir Hilfe versprochen. **b)** timebantur → Deshalb wurden die Götter von mir gefürchtet. **c)** orabantur/ servarer → Immer wurden die Götter von mir gebeten, dass ich von ihnen gerettet werde." **d)** arbitratur → Horaz: „Der Philosoph Epikur glaubt, dass die Götter sich nicht um die menschlichen Dinge kümmern. **e)** ratus est → Deshalb glaubte Epikur (hat Epikur geglaubt), dass die Priester falsche Dinge über die Götter erzählen."

7 **a)** „Immer erwähnte meine Mutter Livia bei Augustus, dass ich der Herrschaft würdig bin. **b)** Ich aber vermute, dass jener nicht will, dass ich herrsche: **c)** Höre den Grund für (diese) meine Meinung: **d)** Nach dem Tode Agrippas, des Ehemanns der Julia, bin ich von Augustus gezwungen worden, mich von Vipsania Agrippina, meiner geliebten Ehefrau, zu trennen (mit Vipsania Agrippina die Scheidung zu machen). **e)** Da ich die Autorität des Kaisers ehrte, habe ich versprochen, dass ich seinem Willen gehorchen werde. **f)** Auch wenn Julia mir verhasst war, habe ich es zugelassen, dass diese mich heiratet. **g)** Damals haben alle gemeint, dass sich das ereignet hat, was (weil es) Livia von Augustus erbeten hatte. **h)** Auch ich habe gemeint, dass es der Wille des Augustus sei, dass ich ihm nachfolge. **i)** Denn kein Feldherr schützte das Reich so gut gegen die Barbaren, verehrte die Götter so fromm wie ich. **j)** Jener jedoch adoptierte die Söhne der Julia. **k)** Ich gestehe offen, dass ich durch diesen Plan des Kaisers in höchsten Schmerz versetzt (mit höchstem Schmerz versehen) worden bin. **l)** Deshalb habe ich, von höchstem Zorn veranlasst, die Stadt und meine Ehefrau verlassen, um fern von Rom auf dieser Insel zu verweilen und die Natur zu betrachten."

Lektion 90

1 **a)** moratus est (morari): er hat sich aufgehalten ↔ mortuus est (mortuus): er ist gestorben / er ist tot **b)** rati sunt (reri): sie haben geglaubt ↔ rapti sunt (rapere): sie wurden geraubt **c)** fassa est (fateri): sie hat bekannt ↔ falsa est (falsch): sie ist falsch **d)** verita est (vereri): sie hat gefürchtet / sie hat verehrt / sie hat gescheut ↔ vera est (verus): sie ist wahr **e)** precor (precari): ich bitte ↔ premor (premere): ich werde bedrängt / ich werde gedrückt

2 **a)** arbitror: ich glaube / ich meine **b)** polliceris: du versprichst **c)** ratur: er (sie) meint / er (sie) glaubt **d)** precamur: wir bitten **e)** suspicamini: ihr vermutet **f)** verentur: sie fürchten **g)** morabar: ich hielt mich auf **h)** veritus, a sum: ich verehrte

3 **a)** Die Römer verehrten nicht nur die heimischen Gottheiten, sondern auch die Göttin Isis. **b)** Der Kult dieser liebenswürdigen Göttin ist aus Ägypten nach Rom gebracht worden. **c)** Vor allem die Frauen haben gemeint, dass Isis sie schütze. **d)** Deshalb haben sie von Isis erbeten, ihnen beizustehen (zu helfen; dass sie ihnen beisteht). **e)** Außerdem ist für die Isis mit riesigem Geldaufwand (großem Geld) ein prächtiger Tempel auf dem Marsfeld erbaut worden. **f)** Dieser Tempel war dem Augustus schon längst verhasst. **g)** Nachdem also die Republik wiederhergestellt worden war, strebte Augustus danach, dass gegen den Isiskult vorgegangen wird. **h)** Er sagte: „Dem Staat hat es nicht genutzt, die großartigsten Gottheiten der Heimat zu vernachlässigen! **i)** Weil die Verehrung der heimischen Götter vernachlässigt worden war, haben die Bürger untereinander Kriege geführt. **j)** Wenn wir einen Frieden, dauerhafter als Erz, schützen wollen, wenn wir verhindern wollen, dass der Staat wiederum in die schlimmsten Stürme gerät, darf Isis nicht verehrt werden. **k)** Nur zu! Lasst uns diese Göttin da aus Rom werfen (vertreiben)!" **l)** Freilich ist der Tempel geschlossen worden, aber der Kult der Göttin konnte nicht einmal von Augustus verhindert werden.

Selbsttest zu den Lektionen 89–90

1 **a)** veremur: Präsens Indikativ 1. Person (Plural) **b)** verebuntur: Futur I Indikativ 3. Person (Plural) **c)** verebamini: Imperfekt Indikativ 2. Person (Plural) **d)** veriti simus: Perfekt Konjunktiv 1. Person (Plural) **e)** veritus eras: Plusquamperfekt Indikativ 2. Person (Singular) **f)** vererer: Imperfekt Konjunktiv 1. Person (Singular) (je 1/3 BE)

2 **a)** vereberis **b)** verere **c)** verenti **d)** veritum esse **e)** verentur **f)** verendo (je 1 BE)

3 **a)** (die Grenzen des Reichs) schützen/ sichern **b)** (schöne Statuen) betrachten **c)** (das Gemeinwohl) schützen / sichern **d)** (Götter) verehren **e)** (Anstrengungen nicht) scheuen **f)** (den Tod) fürchten (je 1 BE)

4 je Fehler 1 BE Abzug (z. B. bei 5 Fehlern → 12 BE – 5 BE = 7 BE)
a) Sehr viele Römer glaubten, dass Augustus der beste Kaiser (ein sehr guter Kaiser) (gewesen) war. **b)** Jener hatte den Römern nämlich den ewigen Frieden gegeben, den er versprochen hatte. **c)** Deshalb wurde schon zu Lebzeiten des Augustus die göttliche

Macht des Augustus außerhalb von Rom verehrt. **d)** Die Provinzen erbaten also Hilfe von ihm wie von einem Gott.

Lektion 91

1 **a)** quem barbarum **b)** quibus periculis **c)** quod scelus **d)** qua re **e)** cuius hominis **f)** quarum mulierum

2 Zu streichen sind: **a)** militis **b)** hostis **c)** urbi **d)** mons **e)** barbari **f)** locum

3 **a)** „Was habe ich denn gehört? Hast du etwa den Plänen Caesars Widerstand geleistet? **b)** Fürchtest du etwa die Gallier oder andere Barbaren? **c)** Verstehst du etwa nicht, dass das Gebiet des römischen Reiches ausgedehnt werden muss? **d)** Ich ertrage es nicht, das zu hören, was manche Senatoren immer wieder erwähnen: **e)** ‚Weshalb wollen wir über den gesamten Erdkreis herrschen? **f)** Warum sind wir nicht zufrieden mit diesen Provinzen, die wir nun innehaben? **g)** Welchen Vorteil werden wir haben (fassen), wenn wir auch über Germanien herrschen werden? **h)** Wollen etwa die Götter, dass wir immer Kriege führen?' **i)** Diese Fragen sind dumm. **j)** Wenn nämlich die römischen Feldherren nicht über viele Jahrhunderte hinweg die Ackergebiete fremder Nationen erobert (gewaltsam an sich gerissen) hätten, hätten diese nun weder Frieden noch Bildung. **k)** Wo aber durch das Führen von Kriegen Frieden und Menschlichkeit herrschen (sind), dort schweigen die Waffen. **l)** Willst du dies oder jenes lieber?"

Lektion 92

1 **Konj. Präs.:** quiescat; exstinguamur; praestent / **Konj. Impf.:** proderet; prodessem / **Konj. Perf.:** praestiterit; proditi sint / **Konj. Plusqpf.:** defecissent; intellectum esset / Übrig bleiben: profuit, defecerunt, exstinxistis (Indikativ Perfekt) / corripies (Futur I)

2 **a)** abhängiger Begehrsatz: Der Militärtribun fordert, dass die Soldaten die Feinde angreifen: **b)** Prohibitiv: „Habt keine Angst (Fürchtet euch nicht), Soldaten! **c)** Hortativ: Lasst uns die Feinde angreifen! **d)** Optativ: Hoffentlich fliehen die Feinde nicht! **e)** abhängiger Begehrsatz: Ich wünsche, dass sie kämpfen. **f)** Jussiv: Sie sollen uns Widerstand leisten! **g)** abhängiger Begehrsatz: Ich erbitte von den Göttern (Ich bitte die Götter), dass sie nicht fliehen. **h)** Irrealis: Wenn sie nämlich flöhen (fliehen würden), wäre es uns nicht erlaubt, einen Triumph zu feiern (durchzuführen)."

3 **a)** „Die Römer führten freiwillig Kriege, um über den Erdkreis zu herrschen. **b)** Die Gesinnung dieser Nation ist schlecht: Die Römer raubten nämlich immer anderen Völkern die lebensnotwendigen Dinge. **c)** Ebenso raubten sie Gold und Silber, um mit der Menge an Geld andere Völker zu übertreffen. **d)** Ja sogar haben Sie Freunde verraten, immer wenn ihnen dies von Nutzen war. **e)** Sie löschten auch Frauen und Kinder der Landesfeinde aus, damit jenen die Nachkommen fehlten. **f)** Sie haben nicht einmal die Natur geschont. Sie begehren nämlich, nicht nur die Herren über die Völker, sondern auch über die Natur zu sein. **g)** Daher haben Sie Brücken errichtet, um ihre Kunstfertigkeit und Macht zu demonstrieren. **h)** Weder Flüsse noch Berge haben diese daran gehindert, Straßen oder Wasserleitungen zu errichten. **i)** Obwohl niemand die Natur besiegen kann, versuchen die Römer dies dennoch. **j)** Die Kräfte gehen ihnen niemals aus, sie hören nie (nicht) auf zu arbeiten. **k)** Sie ruhen nicht (eher, als) bis sie alle Dinge, die sie hindern, durch Arbeit überwunden haben.

Lektion 93

1 Ein Soldat denkt bei sich: „Ich hasse den Tribun (Der Tribun ist mir verhasst), ... **a)** weil er mich immer ermahnt hat." **b)** obwohl ich von ihm gelobt worden bin." **c)** während mein Freund ihn hochachtet." **d)** weil er mich mit rücksichtslosen Worten verletzt hat." **e)** weil er mir, als ich arbeitete (litt; in Bedrängnis war), nicht geholfen hat." **f)** obwohl die Beute, die er versprochen hat, den Soldaten gegeben worden ist." **g)** immer wenn ich ihn erblicke."

2 „Keiner von uns zweifelt daran, ... **a)** dass die Römer den Germanen in der Kriegskunst überlegen gewesen sind. **b)** dass die Germanen auf dem Land leben. **c)** dass die Germanen sich gegen uns verschworen haben. **d)** dass Varus uns in eine für uns schwierige Gegend geführt hat. **e)** dass diese Gegend, die weit von der Provinz entfernt war, für die Germanen nützlich war. **f)** dass von den Germanen in der Nähe des Weges ein Hinterhalt gelegt wurde. **g)** dass nicht viel gefehlt hat, dass wir alle gleichsam ausgelöscht worden sind. **h)** dass Varus verhindern wollte, dass wir eine so große Katastrophe erleiden. **i)** Warum gestehst das nicht auch du?"

3 **a)** „Nachdem wir unter der Führung des Arminius die Römer geschlagen (vertrieben) haben, sind die Gebiete Germaniens von den Römern befreit (frei). **b)** Weil drei römische Legionen verloren gegangen sind, machen die Römer jenseits des Flusses im Lager halt. **c)** Obwohl das römische Heer aufgehört hat, den Rhein zu überqueren, halten sich dennoch römische Händler in Germanien auf. **d)** Diese fahren fort, mit den Germanen Geschäfte zu betreiben, da die römischen Frauen die blonden Haare der Germaninnen haben wollen. **e)** Indem (Weil) die Händler diese im Lager verkaufen, machen sie viel Geld. **f)** So können die römischen Soldaten, obwohl sie Germanien nicht betreten haben, ein Geschenk erwerben, über das sich ihre in der Heimat zurückgelassenen Ehefrauen freuen."

Lektion 94

1 **Konjunktiv:** edideRim, eveniAt, restItuissem, comperiSsent, Missi essent, siNamus, sInt, restitUatur → Lösungswort: ARMINIUS | **Indikativ:** pergUnt, quaesiVero, Solvebas, locabAntur, edituR → Lösungswort: VARUS

2 **a)** „Ich frage dich, woher (unde) du kommst. **b)** Ich will wissen, mit wem (cum quo) du ausgegangen bist. **c)** Sag mir, ob (utrum) du im Wirtshaus oder (an) im Theater warst. **d)** Wenn du im Theater warst, erzähl mir, welches (quae) Stück gespielt wurde. **e)** Wenn du im Wirtshaus warst, sag mir, ob (-ne) du Wasser oder (an) Wein getrunken hast. **f)** Wenn du Wein getrunken hast, sag mir, wie viele (quot) Becher Wein du getrunken hast und mit wessen (cuius) Geld du den Wein bezahlt hast. **g)** Wenn du behauptest, dass du nur Wasser getrunken hast, frage ich dich, warum (cur) du nicht aufrecht / gerade (richtig) stehen kannst!"

3 **a)** „Ein reicher Mann hat mir Geld gegeben. Nun fordert er, dass ihm das Geld zurückgegeben wird. **b)** Aber es ereignete sich, dass Stürme meine Äcker zerstörten. **c)** Mir fehlte also das Getreide, welches ich verkaufen konnte. **d)** Deshalb habe ich nicht das Geld, das ich zurückgeben kann. **e)** Jener aber sagte mir drohend: ‚Ich werde dich, Schurke (schlimmer Mann), vor die Beamten schleppen, wenn du nicht sofort deine Schuld einlöst (Fut. II). **f)** Ich fordere, dass du mir das geschuldete Geld zurückgibst.' **g)** Ich jedoch kann kaum die lebensnotwendigen Lebensmittel kaufen. **h)** Deshalb habe ich nichts anderes außer deiner Freundschaft. **i)** Weil du vortreffliche Spiele veranstaltet hast, große Bauten errichtet hast, hast du gewiss sehr viel Geld. **j)** Nun aber wirst du dir den größten Ruhm verschaffen können, wenn du beweist (Fut. II), dass dieses Sprichwort wahr ist: Ein sicherer Freund zeigt sich (wird gesehen) in einer unsicheren Lage."

Selbsttest zu den Lektionen 91–94

1 **Akk. Sg.** quam artem – **Nom. / Akk. Sg.** quod saeculum – **Dat. Sg.** cui rei – **Dat. / Abl. Pl.** quibus flagitiis – **Gen. Sg.** cuius mentis – **Abl. Sg.** qua vi (je 1/2 BE)

2 **a)** num: im Hauptsatz: etwa / im Gliedsatz: ob (ob nicht) **b)** utrum ... an: im Hauptsatz: ... oder ... / im Gliedsatz: ob ... oder **c)** -ne: im Hauptsatz: bleibt unübersetzt / im Gliedsatz: ob (ob nicht) (je ½ BE)

3 **A:** Die Römer forderten, dass die Germanen ihre Heimat verlassen. → falsch **B** Die Germanen wünschten, dass die Römer Germanien verlassen. → richtig **C** Obwohl die Römer die Germanen an Kampfeskunst übertrafen, besiegten sie diese dennoch nicht. → richtig **D** Immer wenn die Gallier tapfer kämpften, vertrieben sie die Römer aus Gallien. → falsch (je 2 BE)

4 je Fehler 1 BE Abzug (z. B. bei 5 Fehlern → 16 BE – 5 BE = 11 BE) **a)** In Germanien gibt es Tiere, die „Elche" genannt werden. **b)** Obwohl sie mit Ziegenböcken verglichen werden können, übertreffen sie diese an Größe. **c)** Die Hörner dieser Tiere sind nicht scharf, ihre Beine haben aber keine Gelenke. **d)** Deshalb setzen sie sich weder auf die Erde, um auszuruhen, noch können sie, wenn sie gefallen sind, (wieder) aufstehen. **e)** Um auszuruhen, brauchen diese Tiere starke Bäume (sind diesen Tieren starke Bäume notwendig).

82

1 Ach ne! *Mehrdeutigkeit von Wörtern im Kontext erschließen*

Römische Soldaten diskutieren über die Bestattung der gefallenen Feinde.
Achte auf die Übersetzung von **ne**.

a) Dux militem pium prohibet (retinet / impedit), **ne** Germanos mortuos terra tegat.
b) Dux: „**Ne** hostes mortuos terra texeris!“
c) Miles pius autem cavet (resistit / vitat), **ne** contra leges deorum agat.
d) Miles pius: „**Ne** Germani quidem religionem neglegunt. **Ne** impius fueris!“

2 Typisch Mutter! *Lateinische Sätze bilden: Prohibitiv*

Anna und Barbara wollen einkaufen gehen. Verwandle alle mit **noli** bzw. **nolite** formulierten Ermahnungen ihrer Mutter jeweils in einen Prohibitiv und übersetze.

a) „Noli, Barbara, parare cibos dulciores! **b)** Noli, Anna, consistere apud amicam tuam!
c) Nolite, filiae, abire de via! **d)** Nolite, filiae, sermonem habere cum hominibus ignotis!“

3 Abschied

Ein Soldat, der mit Marius gegen die Germanen in den Krieg zieht, verabschiedet sich von seiner Frau und seinen Kindern. Übersetze:

a) „Noli timere, uxor carissima! Nolite timere, liberi carissimi! **b)** Ne desperaveritis! Mario duce non eveniet, ut peream. **c)** Ille enim vir virtute egregia est. **d)** Quia rem militarem (rēs mīlitāris das Kriegswesen) novit, sine mora bellum cum Germanis finiet. **e)** Qui primo extremas regiones Germaniae reliquerunt. **f)** Tum regionibus, quae nostrae provinciae finitimae sunt, appropinquaverunt. **g)** Denique provinciam ipsam vexantes nos lacessiverunt. **h)** Marius autem impediet, ne Germani furorem belli in Italiam inferant. **i)** At isti barbari fuga salutem petent. **j)** Ut vitam suam servent, usque ad Oceanum fugient. **k)** Legiones Marii autem redibunt, ut triumphum agant. **l)** Curas igitur omitte, coniunx carissima! Nolite metuere, liberi carissimi! **m)** Ne vitam tristissimam luctusque atque lacrimarum plenam egeritis! **n)** Victoria enim parta ad vos redibo.“

Die Schlacht von Aquae Sextiae (Aix-en-Provence), 102 v. Chr. Die Römer besiegen unter General Gaius Marius (157–86 B.C.) die Teutonen und die Ambroner.

83

1 Wortkundig *Wortbedeutungen erschließen*

Erschließe die Bedeutung der folgenden Wörter und finde eine treffende Übersetzung.
Die Kenntnis der neuen Vokabeln wird dir dabei helfen.

a) levitās, ātis *f* **b)** levāre, levō **c)** optābilis, e **d)** vitiōsus, a, um **e)** incorruptus, a, um

2 Wunschkonzert *Konjunktiv im Hauptsatz erkennen / Sachwissen anwenden*

Die folgenden Gestalten hast du in deinem Lateinbuch bereits kennengelernt:

a) **Haemon** **b)** **Antigona** **c)** **Oedipus** **d)** **Croesus**

Übersetze die folgenden Wünsche und ordne sie den Namen zu, indem du den jeweiligen Buchstaben neben die Sprechblase schreibst. Bestimme dann die Art der Wünsche.

3 Nomen est omen!

Bevor Cicero der Bitte der Sizilier (Siculī) nachkommt, Verres (Verrēs, is – der Name bedeutet wörtlich Wildschwein) anzuklagen, überlegt er lange. Übersetze:

a) „Utinam Verres iudicibus quoque odio sit! **b)** Utinam ne quos iudices corrupisset! **c)** Velim iudices morem maiorum magis diligant quam iste! **d)** Utinam ne illi eisdem voluptatibus capti sint, quibus iste captus est! **e)** Modo id dubito, modo autem spero id accidere posse, quod opto. **f)** Utinam Siculi potius ab alio petivissent, ut eos defenderet. **g)** Utinam ne vitia Verris tanta essent! **h)** Quam facile esset precibus Siculorum non respondere (*hier:* nachkommen), si crimina Verris leviora essent! **i)** Utinam ne ista bestia tam nefaria scelera fecisset! **j)** Vellem iste memoria tenuisset se omnia more Romanorum agere oportere! **k)** At apertum est istum totam provinciam vexavisse. **l)** Itaque precibus Siculorum respondens istud monstrum accusabo."

Cicero. Statue vor dem Justizpalast in Rom.

Selbsttest zu den Lektionen 81–83

Bearbeite zunächst die Aufgaben. Vergleiche dann deine Antworten mit den Antworten im Lösungsteil.

1 Konjunktiv Perfekt

2 BE

Markiere alle Formen, die im Konjunktiv Perfekt stehen.

diligit – diligat – dilecta sim – dilexerim – dilexero – dilecti sunt – dilexerunt – dilexerint – dilectus sit

2 Prohibitiv

4 BE

Übersetze und verwandle in Prohibitivformen mit nolle.

a) Ne iudicem corruperis! ....

b) Ne me lacessiveritis! ....

3 Optativ

8 BE

Marcus denkt an seinen Freund Atticus in der Fremde und formuliert die folgenden Wünsche. Übersetze sie.

a) Utinam Atticus beatus sit!

....

b) Utinam ne urbem reliquisset!

....

c) Utinam hodie quoque hic viveret et habitaret!

....

d) Velim Atticus nihil falsum de me audiverit!

....

4 Wunschtraum

16 BE

Als Ciceros Sohn Marcus zum Studium nach Athen abgereist ist, entwickelt sich ein Gespräch zwischen Cicero und seiner Frau Terentia. Übersetze:

Cicero: „Ne tristis fueris, Terentia! Ne de Marco timueris!“ Terentia: „Utinam Marcus meus mox ad nos redeat! Utinam verba tua bene audiverit! Velim omnia memoria teneat, quae ei dixisti! Utinam ne Atticus amicus eum Athenas (Athēnās nach Athen) vocavisset! Utinam Marcus adhuc apud me esset! Vellem ille patriam numquam reliquisset!“ Cicero: „Ne desperaveris, coniunx carissima! Ille mox redibit.“

BE	30-26	25-22	21-17	16-13	12-8	7-0
Bewertung	grandios	respektabel	ordentlich	durch-wachsen	schwach	misslungen

1 Ausdrucksstark *Wortbedeutungen im Kontext erschließen*

Finde jeweils eine treffende Übersetzung.

a) milites colligere ....
b) iram colligere ....
c) poena afficere ....
d) supplicio afficere ....
e) spatium dierum viginti ....
f) spatium inter exercitus ....
g) id restat ....
h) hostes restant ....
i) memor beneficii ....

2 Was Cäsar (nicht) will! *Verbformen bilden: PFA*

Setze die richtige Form des PFA ein und übersetze danach die Sätze.

a) Caesar auctoritatem suam .... (defendere) est.

b) Caesar iniuriam sibi illatam .... (ferre) non est.

c) Caesar arma .... (capere) non est.

d) Caesar bellum contra cives .... (gerere) non est.

e) Caesar legationem Romam .... (mittere) est.

f) Caesar consilium senatus .... (exspectare) est.

3 Cäsar und die Piraten

Am Beginn der politischen Laufbahn Cäsars soll sich folgende Episode zugetragen haben. Übersetze:

a) Caesar Rhodum (Rhodus, ī *f* Rhodos) insulam petiturus erat. **b)** In mari autem navis eius a piratis (pīrāta *m* der Pirat) capta est. **c)** Quamquam Caesar magna vi restitit, cum comitibus in vincula datus est. **d)** Cum piratae pretium (*hier:* Lösegeld) viginti talentorum (talentum das Talent (Währungseinheit)) a Caesare peterent, ille rogavit: **e)** „Nonne novistis me virum nobilissimum esse? **f)** Qui igitur evenit, ut tam parvum pretium postuletis? **g)** Legationem Romam missurus sum. **h)** Comites mei urbem petant quinquaginta talenta collecturi!“ **i)** Cum piratae cupiditate pecuniae moti hoc permisissent, Caesar in potestate istorum sceleratorum manebat. **j)** Per spatium circiter quadraginta dierum laetus exspectabat corpus exercens. **k)** Pretio a comitibus tandem soluto piratae protinus Caesarem liberaverunt. **l)** Ille autem iniuriae memor statim copias collegit piratas comprehensurus. **m)** Nam eos supplicio affecturus erat. **n)** Paulo post omnes piratae, ut Caesar optaverat, supplicio affecti sunt.

1 Ergänze die fehlenden Infinitive! *Verbformen bilden: Infinitive*

Präsens Aktiv	Präsens Passiv	Perfekt Aktiv	Perfekt Passiv	Futur Aktiv
docere				
	diligi			
		legisse		
			captum esse	
				auditurum esse

2 Hoffnungen über Hoffnungen ... *AcI mit Infinitiv Futur übersetzen*

a) Cives: „Speramus consulem nos **servaturum esse**“. **b)** Atticus: „Spero Ciceronem multas epistulas ad me **scripturum esse**“. **c)** Senes: „Speramus iuvenes auctoritatem nostram **respecturos esse**“. **d)** Atticus: „Spero me vitam otii plenam **acturum esse**“. **e)** Cicero: „Spero me virum clarum **futurum esse**“.

3 Mach's noch mal, Cicero!

In einem Brief fordert Atticus Cicero auf, in die Politik zurückzukehren. Übersetze:

Atticus Ciceroni suo salutem dicit.
a) Spero, familiaris carissime, te iterum ad rem publicam accessurum esse. **b)** Nam credo te tantum civitatem nostram conservaturum esse. **c)** Satis enim constat rem publicam a te iam antea conservatam esse. **d)** Tu civitatem a coniuratione civium corruptorum conservavisti, cum Catilina (Catilīna, ae *m* Catilina (ein politischer Gegner Ciceros)) omnia deleturus erat. **e)** Ea coniuratione repulsa ab omnibus convivia laeta parabantur. **f)** Tunc enim omnibus licebat summo in otio vivere. **g)** Paulo post autem ex urbe expulsus es. **h)** Quotiens eam iniuriam tibi allatam cogito, maxime doleo. **i)** Ex (*hier:* seit) eo tempore multi anni praeterierunt. **j)** Pericula autem, quae civitati instant, eadem sunt, eadem est causa periculorum: C. Iulius Caesar. **k)** Iste sperat se cum Cleopatra Romanos recturum esse. **l)** Me autem spes tenet te impediturum esse, ne hoc eveniat. **m)** Ceterum censeo civitatem a te conservari debere. Vale!

Cicero. Büste in Rom, Musei Vaticani.

Selbsttest zu den Lektionen 84–85

Bearbeite zunächst die Aufgaben. Vergleiche dann deine Antworten mit den Antworten im Lösungsteil.

1 Infinitiv Futur Aktiv

4 BE

Verwandle in den Infinitiv Futur Aktiv.

a) vocatum esse ....

b) conservatos esse ....

c) accessum esse ....

d) affectas esse ....

2 Partizip Futur Aktiv

9 BE

Aus zwei mach eins! Verbinde die Sätze so wie im Beispiel und übersetze sie danach.

Caesar viros fortes collegit. Nam patriam **defendere voluit**.
→ Caesar patriam **defensurus** viros fortes collegit.
→ Caesar sammelte tapfere Männer, **um** seine Heimat **zu verteidigen**.

a) Caesar trans mare venit. Nam Cleopatram cognoscere voluit.

→ ....

→ ....

b) Cleopatra in Italiam venit. Nam Romam videre voluit.

→ ....

→ ....

c) Caesar copias convocavit. Nam bellum cum Parthis (die Parther) gerere voluit.

→ ....

→ ....

3 Kurz vor dem Ende!

17 BE

Übersetze:

Coniunx Caesarem retentura erat. Speravit eum verbis suis crediturum esse. Caesar autem respondit se domum relicturum esse. Paulo post domum reliquit curiam petiturus. Adversarii autem Caesaris iam in curiam convenerant Caesarem occisuri. Nam rem publicam a tyranno (!) conservaturi erant.

BE	30-26	25-22	21-17	16-13	12-8	7-0
Bewertung	grandios	respektabel	ordentlich	durchwachsen	schwach	misslungen

86

1 Mach es selbst! *Adverbformen bilden*

Bilde Adverbien zu folgenden Adjektiven:

a) sapiens **b)** superbus **c)** turpis **d)** celer **e)** bonus **f)** longus **g)** felix **h)** mirus **i)** nefarius

2 Blinde Passagiere *Wortarten unterscheiden*

Hier haben sich Wörter unter die Adverbien gemischt, die zwar wie Adverbien aussehen, aber keine sind. Streiche sie durch und ordne sie in die richtigen Boote.

satis – iter – divite – acre – arce – impedirer – per – aperte – frequenter – denique – bene – paupere – pare – subito – vehementer – sine – fortiter – ponte – propter – tace

Notiere Substantive, Adjektive und Verben auch in der Grundform:

3 So eine Unverschämtheit!

Ein Anhänger von Marc Anton kritisiert Ciceros Unterstützung für den jungen Octavius. Übersetze:

a) „Ciceronis verba vehementer reprehendo. **b)** Cur iste Octavium frequenter laudat? **c)** Nonne discrimen inter bonos et malos duces scit? **d)** Quin igitur eum potius acriter accusat? **e)** Furit Octavius omnia turpiter miscens. **f)** Itaque res publica nunc in summo discrimine est. **g)** At isti iuveni licet res infandas impune facere. **h)** Immo Cicerone auctore senatus eum honoribus novis identidem auget. **i)** Ea res aperte declarat senatum civitati non iam sapienter consulere. **j)** At nos sodales Marci Antonii non diutius sinemus illum pessimis verbis violari. **k)** Id, quod Cicero contendit, falsum est: **l)** Haud difficile est cognoscere Antonium neque modestia carere neque tabernas conviviaque nocturna amare. **m)** Immo ille noctu quoque populo diligenter providet."

Kamee. Octavians Sieg bei Actium über Marcus Antonius und Kleopatra.

1 Witte nicht verbechseln! *Ähnliche Wörter unterscheiden*

Unterscheide und übersetze.

a) inde – illic – istic – huc – illuc **b)** praeterea – postea – antea
c) videre – visere – vivere – vincere **d)** posse – possidere – postulare
e) aut … aut – et … et – neque … neque – modo … modo – tam … quam
f) premere – prehendere – comprehendere – reprehendere
g) occidere – occīdere – occupare – occurrere

2 Ziemlich sehr *Komparativ und Superlativ übersetzen*

Übersetze wie im folgenden Beispiel: crudelius: *ziemlich grausam* / crudelissime: *sehr grausam*

a) melius / optime **b)** peius / pessime **c)** plus / plurimum
d) fortius / fortissime **e)** facilius / facillime

3 Unvergleichlich *Kasusformen wiedergeben*

Übersetze die folgenden Sätze mit Ablativ des Vergleichs.

a) Titus melius dicit Cicerone. **b)** Felicius pugnat Caesare. **c)** Honestius vivit Augusto.
d) Sapientius respondet oraculo. **e)** Cultum Graecum plus amat Attico.

4 Was für ein Depp!

Horaz, ein Anhänger des Augustus und Freund des Mäzenas (Maecēnās, ātis), eines der wichtigsten Berater des Augustus, berichtet von einer Begegnung auf dem Forum. Übersetze:

a) „Ibam per forum, cum vir mihi ignotus occurrit: **b)** „Quid agis", inquit, „optime? Nonne me scis? Poeta clarus sum." **c)** „Bene est", inquam, „sed mihi non est tempus. Nam aliquem amicum quam celerrime visere volo." **d)** Dum celerius currere incipio, ille: **e)** „At mihi plurimae artes sunt. **f)** Carmina celerrime componere possum. **g)** Praeterea dulcissime cantare et optime saltare (saltāre tanzen) possum. Ecce! **h)** Quis membra pulchrius me movere potest?" **i)** Tunc ille addidit manum meam vehementius prehendens: „Nonne cum Maecenate familiarius vivis?" **j)** Ego: „Ita est." Protinus iste: „Illuc me duc!" **k)** Ego: „Illum adire difficilius est quam putas." **l)** Iste: „Facillime mihi aditum parabo. **m)** At ego: „Erras, vir stultissime! Istic non is multum valet, qui multum possidet. **n)** Neque ii plus valent, qui se sapientiores putant. **o)** Apud Maecenatem plurimum valet is, cui et pietas et virtus sunt. Vale!"

Überreste des Forum Romanum und der Via Sacra, auf der Horaz dem Schwätzer begegnet sein soll.

88

1 Wörterschlange *Wörter erkennen*

Trenne die Wörter richtig voneinander ab und übersetze.

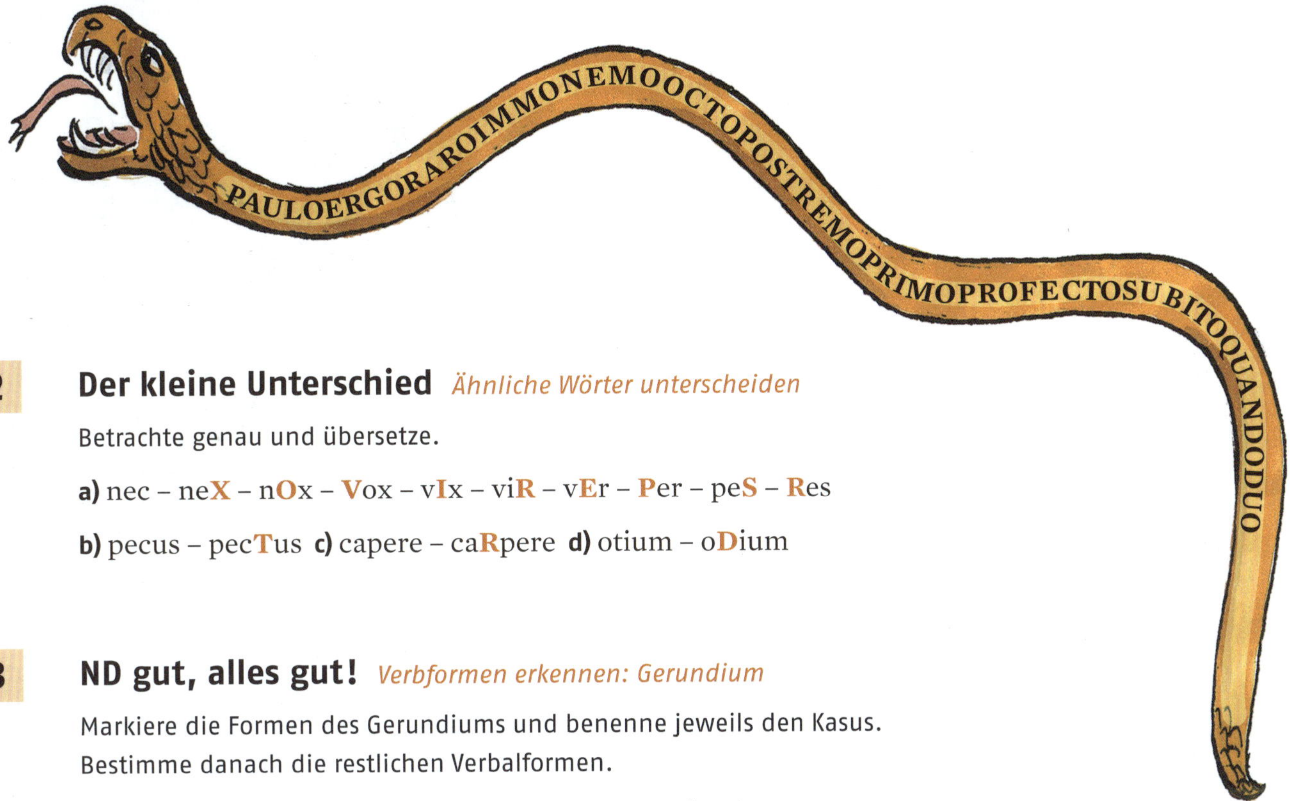

2 Der kleine Unterschied *Ähnliche Wörter unterscheiden*

Betrachte genau und übersetze.

a) nec – neX – nOx – Vox – vIx – viR – vEr – Per – peS – Res

b) pecus – pecTus **c)** capere – caRpere **d)** otium – oDium

3 ND gut, alles gut! *Verbformen erkennen: Gerundium*

Markiere die Formen des Gerundiums und benenne jeweils den Kasus. Bestimme danach die restlichen Verbalformen.

a) persuadendi – persuasi – persuaderi – persuadenti

b) addidi – addendi – addenti – additi – addi

c) fundi – fundendi – fudi – fundenti

d) superanti – superati – superari – superandi – superavi

e) vocati – vocandi – vocavi – vocari – vocanti

4 Sprachkunst *Treffende Übersetzungen finden*

Übersetze die folgenden Ausdrücke mit einem einzigen Wort:

a) ars dicendi **b)** ars amandi **c)** ars cantandi **d)** studium discendi **e)** modus vivendi **f)** voluntas vincendi **g)** cupiditas iter faciendi **h)** cupidus discendi **i)** paratus ad pugnandum

5 Schön wär's! *Gerundium übersetzen*

a) Qui cupidus discendi est, bonus discipulus erit. **b)** Multi discipuli libenter scribendo et legendo se exercent. **c)** In ludo discendi causa sumus. **d)** Is maxime idoneus erit ad docendum, qui plurima didicerit. **e)** Animus homini ad cogitandum datus est.

6 Sprachverständnis *Aussageabsicht erklären*

Übersetze und erkläre die folgenden Sentenzen:

a) Nihil agendo homines male agere discunt.
b) Fama crescit (crēscere, crēscō wachsen) eundo (Gerundium von ire).

7 Gardinenpredigt *Gerundium übersetzen*

Orbilius, der Lehrer des Horaz, redet seinen Schülern ins Gewissen. Übersetze:

a) „Estisne idonei ad exercendum – ad semper exercendum – ad semper diligenter exercendum? **b)** Estisne parati ad discendum – ad saepe discendum – ad saepe optime discendum? **c)** Cepistisne consilium laborandi – consilium iterum atque iterum laborandi – consilium iterum atque iterum bene laborandi? **d)** Estisne cupidi legendi – cupidi libros legendi – cupidi libros saepe legendi? **e)** Estne vobis ingenium cogitandi – ingenium res difficiles cogitandi – ingenium res difficiles diu cogitandi? **f)** Ergo me delectate studio discendi – studio multa discendi – studio multa optime discendi!“

8 Statt Stadt Land

Horaz schreibt seinem Dichterfreund Tibull (Tibullus) einen Brief. Begeistert spricht er über das Landgut, das ihm Mäzenas vor kurzem geschenkt hat. Übersetze:

a) Horatius Tibullo suo salutem dicit. **b)** Quam iucundus modus vivendi mihi hic est! **c)** Cum huc me recepi, urbem raro desidero. Hic remanere volo. **d)** Nam hic facile artem vivendi exerceo. **e)** In urbe mille in negotiis occupatus sum. **f)** Hic autem nec turba nec clamore hominum perturbor. **g)** Neque invidia neque adulatio (adūlātiō, ōnis *f* die Schmeichelei) me sollicitant. **h)** Quiescendi (quiēscere (aus)ruhen, schlafen) causa saepe sub aliqua arbore sedeo pecora laeta videns. **i)** Hic diu tacendo et diligentius cogitando delector. **j)** Hic mihi tempus gratum ad legendum et scribendum est. **k)** In hoc otio maxima mihi voluptas aut versus scribendi aut libros legendi est. **l)** Hic diem carpo – dicto Epicuri, illius philosophi divi Graeci, parens. **m)** Hic tempus vitam beatam vivendi differre non possum. Vale!

Römische Landschaft. Pompeji, Museo Nazionale.

Selbsttest zu den Lektionen 86–88

Bearbeite zunächst die Aufgaben. Vergleiche dann deine Antworten mit den Antworten im Lösungsteil.

1 Adverbien — 6 BE

Bilde die Adverbien zu den folgenden Adjektiven:

a) beatus .... **b)** ferox .... **c)** celer ....
d) acer .... **e)** fortis .... **f)** bonus ....

2 Adverb oder Adjektiv? — 4 BE

Streiche Falsches durch:

a) Marcus **celerem / celeriter** ad cenam properat.
b) In Italia **beati / beate** fuimus.
c) **Sapiens / sapienter** agit, qui leges naturae servat.
d) Dominus servos **bonos / bene** laudat.

3 Steigerung der Adverbien — 6 BE

Bilde jeweils die Formen des Komparativs und des Superlativs.

a) beate **b)** celeriter **c)** multum

4 Gerundium — 8 BE

Vervollständige die Sätze, indem du die jeweils zutreffende Form auswählst, und übersetze:

amando – dicendi – docendi – vivendum

a) Virtus ad beate .... necessaria est.

b) Philosophus saepe forum petebat .... causa.

c) .... amicos parabis.

d) Romani artem .... a Graecis discebant.

5 Erweitertes Gerundium — 6 BE

Übersetze die folgenden Ausdrücke:

a) tempus nova inveniendi
b) ars libros difficiles diligenter legendi
c) cupidus versus bene scribendi et recitandi

BE	30-26	25-22	21-17	16-13	12-8	7-0
Bewertung	grandios	respektabel	ordentlich	durch-wachsen	schwach	misslungen

89

1 Sprachgewandt *Wortbedeutungen erschließen*

Die Adjektivendung **-osus** drückt aus, dass etwas in Fülle vorhanden ist; zum Beispiel: periculosus: periculum → voller Gefahren / gefährlich. Erschließe die Bedeutung der folgenden Adjektive mit Hilfe der dir bekannten Substantive. Verwende dabei die deutschen Suffixe *-voll*, *-reich*, *-ig*, *-isch* und *-lich*.

a) perniciosus **b)** ventosus **c)** invidiosus **d)** dolorosus **e)** dolosus **f)** aquosus **g)** pretiosus

2 Wortkundig

Ordne die Wörter, die eine ähnliche Bedeutung haben, zu Paaren (z. B. „H8"):

A vereri	B timor	C aedes	D putare	E homo	F tueri	G nam
1 enim	2 reri	3 mortalis	4 metus	5 conservare	6 timere	7 domus

3 Formenklauberei *Kategorien bilden*

V-OR-sicht V-OR dem Wortende -OR. Sortiere die Formen in die richtigen Körbe ein:

a) dol**or** **b)** meli**or** **c)** impell**or** **d)** fur**or** **e)** tue**or** **f)** fate**or** **g)** mercat**or** **h)** facili**or** **i)** tuti**or** **j)** min**or** **k)** imperat**or** **l)** prec**or** **m)** forti**or** **n)** mor**or** **o)** commove**or** **p)** suspic**or**

4 Formvollendet *Verbformen ergänzen: Deponentien*

Setze die fehlenden Buchstaben ein und übersetze dann die vollständigen Verbformen:

a) arbitr ☐ bantur **b)** verebo ☐ **c)** suspicati e ☐ tis

d) precare ☐ ini **e)** tuer ☐ ! **f)** ratus ☐ rat **g)** morati e ☐☐ ent

5 Versprochen ist versprochen! *Verbformen bilden: Deponentien*

Bilde zu jeder Form von **promittere** die entsprechende Form von **polliceri**.

a) promittit .... **b)** promisi .... **c)** promitterem ....

d) promittebamus .... **e)** promisisse .... **f)** promittatis ....

6 Warum nur? *Textverständnis anwenden*

Im Jahre 12 v. Chr. hat Julia, die Tochter des Augustus, nach ihrem ersten Ehemann Marcellus nun auch ihren zweiten Ehemann Agrippa verloren und versteht die Welt nicht mehr. Entscheide jeweils, welche Verbform passt, und übersetze dann:

a) Iulia: „Dei mihi auxilium (**promissi sunt / polliciti sunt**).

b) Itaque dei a me (**timebantur / verebantur**).

c) Semper dei a me (**precabantur / orabantur**), ut ab iis (**tuerer / servarer**)."

d) Horatius: „Epicurus philosophus (**arbitratur / putatur**) deos res humanas non curare.

e) Ideo Epicurus (**ratus est / existimatus est**) sacerdotes res falsas de deis narrare."

Julia, Tochter des römischen Kaisers Augustus. Marmor um 12/ 11 v. Chr.

7 Tiberius ist zornig

Weil er sich in Rom nicht anerkannt fühlt, hat sich Tiberius auf die Insel Rhodos zurückgezogen. Schmollend erzählt er einem Vertrauten. Übersetze:

a) „Semper Livia mater apud Augustum memorabat me imperio dignum esse. **b)** Ego autem suspicor illum me imperare nolle: **c)** Audi causam huius sententiae: **d)** Agrippa, marito Iuliae, mortuo ab Augusto coactus sum cum Vipsania Agrippina, uxore mea amata, divortium (dīvortium die Scheidung) facere. **e)** Cum auctoritatem imperatoris vererer, pollicitus sum me voluntati eius cessurum esse. **f)** Etsi Iulia mihi odio erat, sivi eam mihi nubere. **g)** Tunc omnes arbitrati sunt id accidisse, quod Livia ab Augusto precatus erat. **h)** Ego quoque ratus sum voluntatem Augusti esse me ei succedere (succēdere nachfolgen). **i)** Nam nullus dux imperium contra barbaros tam bene tuebatur, deos tam pie verebatur quam ego. **j)** At ille filios Iuliae adoptavit (!). **k)** Aperte fateor me hoc consilio imperatoris summo dolore affectum esse. **l)** Itaque summa ira adductus urbem uxoremque reliqui, ut procul a Roma in hac insula morarer et naturam tuerer."

Drusus und Tiberius, die Stiefsöhne des Augustus, überreichen ihm den Siegeslorbeer. Denar um 12–15 v. Chr.

1 Der kleine Unterschied *Wortformen richtig zuordnen*

Gib jeweils die Lernform und die deutsche Bedeutung an.

a) moratus est .... ↔ mortuus est ....

b) rati sunt .... ↔ rapti sunt ....

c) fassa est .... ↔ falsa est ....

d) verita est .... ↔ vera est ....

e) precor .... ↔ premor ....

2 Gleiche Bedeutung – Andere Form *Verbformen bilden: Deponentien*

Bilde die entsprechenden Formen des Deponens und übersetze dann.

Beispiel: rogo (precari) → precor: ich bitte

a) puto (arbitrari) **b)** promittis (polliceri) **c)** existimat (reri) **d)** oramus (precari) **e)** conicitis (suspicari) **f)** timent (vereri) **g)** eram (morari) **h)** colui (vereri)

3 Isis raus?

Während Augustus die Verehrung der heimischen Götter forcierte, verehrte das Volk auch ausländische Götter, unter anderem die ägyptische Göttin Isis (Īsis, Īsidis). Das freilich war Augustus ein Dorn im Auge. Übersetze:

a) Romani non solum deos patrios, sed etiam Isidem deam verebantur. **b)** Cultus eius deae venustae ex Aegypto Romam illatus est. **c)** Feminae imprimis ratae sunt Isidem se tueri. **d)** Itaque ab Iside precatae sunt, ut sibi adesset. **e)** Praeterea Isidi grandi aere templum magnificum in campo Martio (campus Mārtius das Marsfeld (in Rom)) aedificatum est. **f)** Hoc templum Augusto iam pridem odio erat. **g)** Re publica igitur restituta Augustus studebat, ut in cultum Isidis animadverteretur. **h)** Dixit: „Civitati non profuit deos grandissimos patriae neglegere! **i)** Cultu deorum patriorum neglecto cives inter se bella gesserunt. **j)** Si pacem aere perenniorem tueri volumus, si prohibere volumus, ne civitas in pessimas tempestates iterum incidat (incidere, incidō geraten), Isidem coli non oportet. **k)** Age! Expellamus istam deam ex urbe!“ **l)** Templum quidem clausum est, sed cultus deae ne ab Augusto quidem impediri potuit.

Die Göttin Isis säugt ein Baby. 1. Jh. v. Chr. Rom, Musei Vaticani.

Selbsttest zu den Lektionen 89–90

Bearbeite zunächst die Aufgaben. Vergleiche dann deine Antworten mit den Antworten im Lösungsteil.

1 Deponentien (1) — 6 BE

Bestimme die folgenden Formen von vereri (Zeit, Modus, Person):

a) veremur **b)** verebuntur **c)** verebamini **d)** veriti simus **e)** veritus eras **f)** vererer

2 Deponentien (2)

Ersetze jede Form von metuere durch die entsprechende von vereri. — 6 BE

a) metues ....

b) metue ....

c) metuenti ....

d) metuisse ....

e) metuunt ....

f) metuendo ....

3 Deponentien (3) — 6 BE

Übersetze jeweils mit der im Kontext passenden Bedeutung:

a) fines imperii tueri ....

b) statuas pulchras tueri ....

c) salutem communem tueri ....

d) deos vereri ....

e) labores non vereri ....

f) mortem vereri ....

4 Augustuskult — 12 BE

Übersetze:

a) Plurimi Romani rati sunt Augustum imperatorem optimum fuisse.
b) Ille enim Romanis pacem perennem, quam pollicitus erat, dederat.
c) Itaque iam Augusto vivo numen Augusti extra Romam colebatur.
d) Provinciae igitur auxilium ab eo ut a deo precatae sunt.

BE	30-26	25-22	21-17	16-13	12-8	7-0
Bewertung	grandios	respektabel	ordentlich	durch-wachsen	schwach	misslungen

91

1 Zauberstab *Formen bilden: Interrogativpronomen*

Ersetze die Form des Demonstrativpronomens **iste** durch die entsprechende Form des Interrogativpronomens **qui**:

a) istum barbarum **b)** istis periculis **c)** istud scelus
d) ista re **e)** istius hominis **f)** istarum mulierum

2 Streichkonzert *Kongruenz Pronomen–Substantiv anwenden*

Streiche in jeder Zeile die Form des Substantivs, die nicht zur angegebenen Form von **qui** passt:

a) reges – dux – militis: **qui**
b) hostis – pueris – senatoribus: **quibus**
c) urbi – servae – vini: **cuius**
d) tecta – mulier – mons: **quae**
e) barbari – puero – senatori: **cui**
f) litus – donum – locum: **quod**

3 Fragen über Fragen

Ein römischer Kaufmann fordert, dass das Römische Reich über die Grenzen Galliens hinaus nach Germanien (Germānia) ausgedehnt werden soll:

a) „Quidnam audivi? Tune restitisti consiliis Caesaris? **b)** Num Gallos vel alios barbaros vereris? **c)** Nonne intellegis fines imperii Romani extendi (extendere ausdehen) debere? **d)** Non sustineo id audire, quod nonnulli senatores iterum atque iterum dicunt: **e)** „Quare toti orbi terrarum imperare volumus? **f)** Quin his provinciis, quas nunc obtinemus, contenti (contentus a, um *m. Abl.* zufrieden) sumus? **g)** Quod commodum capiemus, si Germaniae quoque imperabimus? **h)** Num dei volunt nos bella semper gerere?“ **i)** Quae quaestiones (quaestiō, ōnis *f* die Frage) stultae sunt. **j)** Nisi enim imperatores Romani per multa saecula agros alienarum nationum corripuissent, eis nunc neque pax neque humanitas esset. **k)** Ubi autem bellum gerendo pax et humanitas sunt, ibi arma tacent. **l)** Utrum hoc an illud mavis?“

Marktleben am Limes. Nach der Eroberung Galliens durch Caesar wurde auch das Handelsgebiet der römischen Händler ausgedehnt. Schulbild um 1960. Dortmund, Westfälisches Schulmuseum.

1 „Konjunktiv komm raus, du bist umzingelt!" *Kategorien bilden*

Ordne alle Verbformen, die im Konjunktiv stehen, in die Tabelle ein.

profuit – proderet – quiescat – defecissent – defecerunt – exstinguamur – intellectum esset – praestiterit – exstinxistis – praestent – proditi sint – prodessem – corripies

2 Wünsch dir was! *Verschiedene Arten von Begehrsätzen unterscheiden*

Übersetze und ordne den jeweils zutreffenden grammatischen Fachbegriff zu.

Hortativ – Jussiv – Prohibitiv – Optativ – abhängiger Begehrsatz – Irrealis

a) Tribunus militaris postulat, ut milites hostes temptent: **b)** „Ne timueritis, milites! **c)** Hostes temptemus! **d)** Utinam ne hostes fugiant! **e)** Opto, ut pugnent. **f)** Nobis resistant! **g)** A deis precor, ne fugiant. **h)** Si enim fugerent, nobis triumphum agere non liceret."

3 Die Römer – grenzenlos machtgierig?

Ein „Barbar" erzählt seiner Familie von den Römern. Übersetze:

a) „Romani sponte sua bella gerebant, ut orbi terrarum imperarent. **b)** Mens istius nationis mala est: Romani enim aliis nationibus res ad vitam necessarias semper rapiebant. **c)** Item aurum argentumque corripiebant, ut copia pecuniae aliis populis praestarent. **d)** Immo amicos prodiderunt, cum hoc eis usui erat. **e)** Exstinguebant feminas liberosque hostium, ut illis posteri deessent. **f)** Ne naturae quidem pepercerunt. Cupiunt enim, ut domini non solum populorum, sed etiam naturae sint. **g)** Proinde pontes fecerunt, ut artem potestatemque suam demonstrarent. **h)** Neque fluvii neque montes eos prohibuerunt, ne vias vel aquaeductus (aquaeductus, ūs *m* die Wasserleitung) facerent. **i)** Quamvis nemo naturam vincere possit, tamen Romani id temptant. **j)** Vires eis numquam deficiunt, laborare non desinunt. **k)** Non quiescunt, dum omnia, quae impediunt, laborando superaverunt. "

Reste eines römischen Aquädukts bei Mechernich in der Eifel. Die Eifelwasserleitung wurde im 2. Jh. n. Chr. zur Versorgung der Stadt Köln erbaut.

1 Ein Soldat schimpft *Bedeutungen von cum unterscheiden*

Miles secum cogitat: „Tribunus mihi odio est, cum ...

a) ... me semper monuerit.“ **b)** ... ab eo laudatus sim.“ **c)** ... amicus meus eum diligat.“ **d)** ... me verbis acerbis laeserit.“ **e)** ... mihi laboranti non adfuerit.“ **f)** ... praeda, quam pollicitus est, militibus data sit.“ **g)** ... eum conspicio.“

2 Ohne Zweifel *Bedeutungen von quin unterscheiden*

„Nemo nostrum dubitat, quin ...

a) ... Romani Germanis arte pugnandi praestiterint. **b)** ... Germani ruri vivant. **c)** ... Germani contra nos coniuraverint. **d)** ... Varus nos in regionem nobis difficilem duxerit. **e)** ... ea regio, quae longe a provincia aberat, Germanis utilis fuerit. **f)** ... a Germanis insidiae prope viam locatae sint. **g)** ... non multum afuerit, quin nos omnes quasi exstincti simus. **h)** ... Varus impedire voluerit, ne tantam calamitatem accipiamus. **i)** Quin tu quoque hoc fateris?“

3 Blondes Haar, wie wunderbar!

Ein Germane erzählt vom Eindringen der Römer. Übersetze:

a) „Cum nos Arminio duce Romanos pepulerimus, regiones Germaniae a Romanis liberae sunt. **b)** Cum tres legiones Romanae amissae sint, Romani trans fluvium in castris consistunt. **c)** Quamvis exercitus Romanus Rhenum (Rhēnus der Rhein) transire desierit, tamen mercatores Romani in Germania morantur. **d)** Qui cum Germanis negotia gerere pergunt, cum mulieres Romanae crines flavos (crīnēs flāvī blonde Haare) Germanarum appetant. **e)** Cum mercatores eas in castris vendant, grandem pecuniam faciunt. **f)** Sic milites Romani, cum Germaniam non intraverint, donum parare possunt, quo uxores in patria relictae delectantur.“

Veteranen wie Marcus trieben in der germanischen Provinz oft Handel. In der dreiteiligen Sendereihe „Rom am Rhein“ (ZDF 2016) wird der Handel mit dem blonden Haar der Germaninnen, das bei den Römerinnen sehr beliebt war, thematisiert.

94

1 Gut in Form? *Verbformen unterscheiden: Indikativ und Konjunktiv*

Unterstreiche alle Konjunktivformen. Aus den markierten Buchstaben der Indikativformen und aus denen der Konjunktivformen lassen sich die Namen zweier erbitterter Gegner bilden:

EDIDE**R**IM EVENI**A**T PERG**U**NT
REST**I**TUISSEM COMPERI**S**SENT
QUAESI**V**ERO **S**OLVEBAS
LOCAB**A**NTUR **M**ISSI ESSENT SI**N**AMUS
S**I**NT RESTIT**U**ATUR EDITU**R**

Gegner 1 (Indikativ): ______ Gegner 2 (Konjunktiv): ________

2 Dein Einsatz, bitte! *Textverständnis anwenden*

Ein strenger Vater nimmt seinen Sohn ins Verhör. Setze das richtige Fragewort ein und übersetze:

cur – unde – quae – -ne ... an – cuius – cum quo – utrum ... an – quot

a) „Te interrogo, ... venias. **b)** Scire volo, ... exieris. **c)** Dic mihi, ... in taberna .... in theatro (!) fueris. **d)** Si in theatro fuisti, narra mihi, ... fabula acta sit. **e)** Si in taberna fuisti, dic mihi, aquam .... biberis .... vinum. **f)** Si vinum bibisti, dic mihi, ... pocula (Becher *n Pl.*) vini biberis et .... pecunia vinum solveris. **g)** Si contendis te aquam tantum bibisse, e te quaero, ... recte stare non possis!“

3 Hört beim Geld die Freundschaft auf?

Ein Bauer hat sich verschulden müssen, um Saatgut für seine Felder zu kaufen. Als ein Unwetter seine Äcker verwüstet, wendet er sich hilfesuchend an einen Freund. Übersetze:

a) „Vir dives mihi aes dedit. Nunc poscit, ut sibi aes reddatur. **b)** Sed evenit, ut tempestates agros meos delerent. **c)** Mihi igitur deerat frumentum, quod vendere poteram. **d)** Inde pecuniam non habeo, quam reddere possum. **e)** Ille autem mihi instans dixit: ‚Te, vir improbe, ad magistratus traham, nisi aes alienum tuum statim solveris. **f)** Exigo, ut pecuniam debitam mihi reddas.‘ **g)** At ego cibos ad vitam necessarios emere vix possum. **h)** Itaque mihi nihil aliud nisi amicitia tua est. **i)** Quoniam tu praeclaros ludos edidisti, tu magnas munitiones aedificavisti, tibi certe maxima pecunia est. **j)** Nunc autem tibi maximam gloriam parare poteris, si demonstraveris hoc proverbium (prōverbium das Sprichwort) verum esse: Amicus certus in re incerta cernitur.“

Selbsttest zu den Lektionen 91–94

Bearbeite zunächst die Aufgaben. Vergleiche dann deine Antworten mit den Antworten im Lösungsteil.

1 Fragespiel (1)

3 BE

Übertrage die passenden Verbindungen in die Tabelle.

saeculum – cuius – quibus – rei – cui – artem – vi – quam – quod – qua – mentis – flagitiis

Akk. Sg.		Dat./Abl. Pl.	
Nom./Akk. Sg.		Gen. Sg.	
Dat. Sg.		Abl. Sg.	

2 Fragespiel (2)

3 BE

Gib an, wie die folgenden Fragewörter im Hauptsatz bzw. im Gliedsatz zu übersetzen sind:

a) num **b)** Utrum ... an **c)** -ne

3 „Imperium sine fine“

Richtig oder falsch? Kreuze an:

8 BE

	richtig	falsch
A Romani postulabant, ut Germani patriam relinquerent.		
B Germani optabant, ut Romani Germaniam relinquerent.		
C Cum Romani Germanis arte pugnandi praestarent, tamen eos non vicerunt.		
D Cum Galli fortiter pugnabant, Romanos e Gallia expulerunt.		

4 Seltsame Tiere in Germanien

16 BE

In seinem Buch „De bello Gallico“ berichtet Cäsar auch einiges über die Tierwelt Germaniens. Übersetze:

a) In Germania sunt bestiae, quae appellantur „alces“[1]. **b)** Quamquam capris[2] conferri possunt, eos magnitudine superant. **c)** Cornua[3] earum bestiarum acria non sunt, pedes autem articulis[4] carent! **d)** Ideo neque in terra considunt, ut quiescant, neque, si ceciderunt, surgere possunt. **e)** Ut quiescant, arbores firmae iis bestiis necessariae sunt.

[1]alcēs, is der Elch [2]caper, caprī der Ziegenbock [3]cornu, ūs *n* das Horn [4]articulus das Gelenk

BE	30–26	25–22	21–17	16–13	12–8	7–0
Bewertung	grandios	respektabel	ordentlich	durchwachsen	schwach	misslungen

Bildnachweis

AdobeStock / shen-meng **16.** | akg-images **5. 22. 30. 35. 38.** | akg-images / Album, Prisma **23.** | akg-images / Bildarchiv Steffens, Hans-Joachim Rech, www.steffens.biz **39.** | akg-images / Bernard Bonnefon **35.** | akg-images / De Agostini Picture Library **29.** | akg-images / André Held **32.** | akg-images / jh Lightbox_Ltd., John Hios **9.** | akg-images / Erich Lessing **11.** | akg-images / Horst Maack **19.** | akg-images / Eric Vandeville **27. 36.** | Alamy Stock Photo / Christiano Fronteddu **24.** | Alamy Stock Photo / United Archives GmbH **7.** | bpk-Bildagentur / The Trustees oft he British Museum **20.** | Bridgeman Images **10.** | dpa Picture-Alliance / Arco Images GmbH, Schoening **11.** | Getty Images Plus / iStockphoto, Joshua Hicks **13.** | Mauritius Images / Alamy Stock Photo, Lanmas **14.** | ZDF / André Götzmann **40.**
Umschlag: www.wikimedia.org / Wolfang.MIler, CC BY-SA 2.0 | Fotolia / morganka